耳がきこえないうささ ウワサのユニバーサルスポットをゆく

うささ

SHC 産業編集センター

都内某所
↓担当編集
どんなテーマの漫画にしましょうか?
まだぼんやりしているのですが…
こういう組み合わせのエッセイ漫画って見ないですよね
障害者×旅
確かにあまり見ないかもしれませんね
私は耳がきこえない
障害を持つ自分だからこそ
感じることってあると思うんですよ
聴覚障害関連が多くなってしまうかもしれませんが
聴覚障害に限らず
他の障害も含めて
誰もが楽しめるユニバーサルな場所を巡って
当事者ならではの目線で感じたこと・思ったことを漫画にしてみたいんです
やってみたいですっ
いいですねやりましょう!
こうして私のユニバーサルスポットめぐりは始まったのでした

登場人物

担当編集

うささに熱烈な
ラブコールを
送った人。

ムスメ

いつだって
元気いっぱい！
※当時5歳

うささ

生まれつき耳が
きこえない。
冷え性。
緊張すると
指先がヒェッヒエ。
好きなものは
マカダミア
ナッツ入り
チョコ。

耳がきこえないうささのコミュニケーション方法

相手の話をきく時

Ⓐ 読唇(相手の口を読む)、
状況を見て予測する

Ⓑ 相手がスマホに文字を
打って見せてくれる

Ⓒ 手話を使ってくれる

Ⓓ 音声認識アプリを使う

うささが話す時

Ⓐ 自分の声で伝える
(きこえる人にはほとんど
こちらで伝えています)

Ⓑ スマホに文字を打って
相手に見せる
(カフェやフードコートなどで
注文する時に使います)

Ⓒ 手話を使う
(きこえない人には
こちらで伝えます)

FIRST ▶

もくじ

うささ TABLE OF CONTENS 入場済

第二章　ユニバーサルな取り組み

第一章

ユニバーサルな
お店巡り

この章では、カフェ、居酒屋、パン工房など、
年齢、障害の有無にかかわらず
誰もが気兼ねなく楽しめる場所を訪ね歩きます。

うささ
01-01
入場済

01-01 東京 国立 ▶ スターバックスコーヒー nonowa国立店

第一章　ユニバーサルなお店巡り

うささ
01-01
入場済

カフェ好きの方なら知らない人はいないであろうスターバックス
STARBUCKS
Proudly served in sign language.
では
このサインはご存じでしょうか?
スターバックスの店舗のうち手話を主なコミュニケーション手段とする『サイニングストア』
世界で5店舗目として国立に2020年6月にオープンしました
STARBUCKS

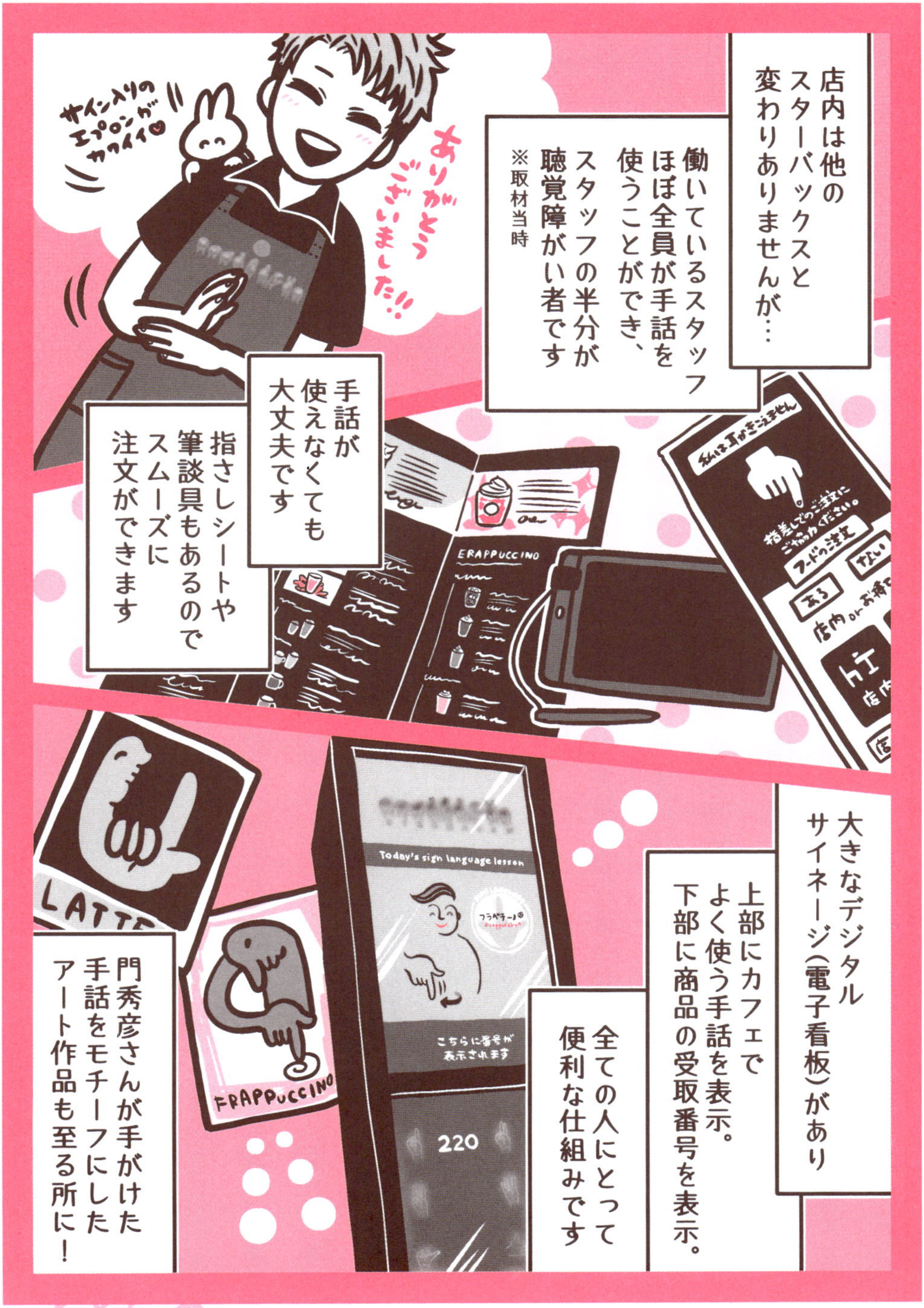
店内は他のスターバックスと変わりありませんが…
働いているスタッフほぼ全員が手話を使うことができ、スタッフの半分が聴覚障がい者です
※取材当時
ありがとうございました!!
サイン入りのエプロンがカワイイ♡
手話が使えなくても大丈夫です
指さしシートや筆談具もあるのでスムーズに注文ができます
私は耳がきこえません
指差しでのご注文にご協力ください。
フードの注文
ある
ない
大きなデジタルサイネージ(電子看板)があり
上部にカフェでよく使う手話を表示。下部に商品の受取番号を表示。
全ての人にとって便利な仕組みです
Today's sign language lesson
こちらに番号が表示されます
220
LATTE
FRAPPUCCINO
門秀彦さんが手がけた手話をモチーフにしたアート作品も至る所に!

聴覚に障がいのある
スタッフが働いている
様子を見学したのですが
袋は いりますか？
グラス？
カップ？
￥000です
フタは つけますか？
手話だけでなく
指さしをしたり
物を見せたりと
音だけに頼らない
接客がとても
分かりやすい！
そして
何よりも
表情豊かな
彼らだからこそ
そこは笑顔で
溢れていました

カフェでの接客に憧れていたけれど
裏方のみだろうと諦めていた学生時代の自分を思い出しました
きこえない学生たちが
きこえなくてもイキイキ接客をする彼らを見て
『きこえなくてもできるんだ』と
将来への可能性を見いだせる
1つの指標になると思いました
私はスターバックスによく行くものの
気軽にトライできなかったことがありました
それは
ドキドキドキドキ…
カスタムオーダーの相談!!
いざーッ
ドキドキドキドキ…

ご注文は？
ドキィ
スターバックスラテのトール、アイスを1つで…
ドキドキ…
甘い
甘くしたいんですが何を入れたらいいのかな〜と…
キャア〜〜言っちゃった〜
甘く、ですね
あッ
でも少しで
シロップ
•クラシック
•バニラ
•キャラメル
•ホワイトモカ
この4つがありまして
クラシックはガムシロップに近くて
ホワイトモカはとても甘くなるんです！
バニラかキャラメルか…
ここは好みで選んで良いと思います！
手話で気軽にサッと相談できたの嬉しい〜!!
わかりやす〜!!

このキャラメルで…
チュ～
あ～～～私好みの味～!!
カスタマイズの魅力を発見できました
手話が使えるのはnonowa国立店だけではありません
どの店舗にも指差しツールがあり
スターバックスはどの店舗も利用しやすいと思います
幅広い年代や様々なライフステージに応じて
自分らしくイキイキと働くことができる機会と環境を提供しているスターバックス
その在り方が多くの人に良い影響をもたらすでしょう

1P-01 東京 春日 ▶ Social Cafe Sign with Me

うささの寄り道1ページコラム

『憩い』『学び』『相談』の調和した知的食空間、そして『スープ』『スイーツ』を通して手話空間を楽しむ場所を提供しているカフェ。

店内はキレイで可愛らしい！オシャレな飾りものにも注目してほしい。

ここでは手話が公用語。スタッフ達が手話者として働いています。指差しのみでも注文ができました。

手話関係のイベントも時々開催中！公式サイトをチェックしてね。

うささ
01-02
入場済

01-02

東京 大久保 ▶ 串揚げ居酒屋 ふさお

第一章　ユニバーサルなお店巡り

うささ
01-02
入場済

『串揚げ居酒屋ふさお』？
きいたことある
店主は耳がきこえない方でね
店内では手話がすごく飛び交っていてなかなか面白いよ！
ワァァァァ
手話
ワァ〜
ワーァ
ワァァァ
他の人からも『良いよ』という声をきくため
『串揚げ居酒屋ふさお』へ取材に行くことにしました
大久保
おおくぼ
東中野
Higashi-Nakano
ōkubo
そこは東京大久保駅から徒歩2分の所にあります
あっ
お店の前で店主の吉岡さんが立っており
『ようこそ』『入ってね』という手話で私を温かく迎えてくれました
にこ〜っ
店主
吉岡 富佐男さん

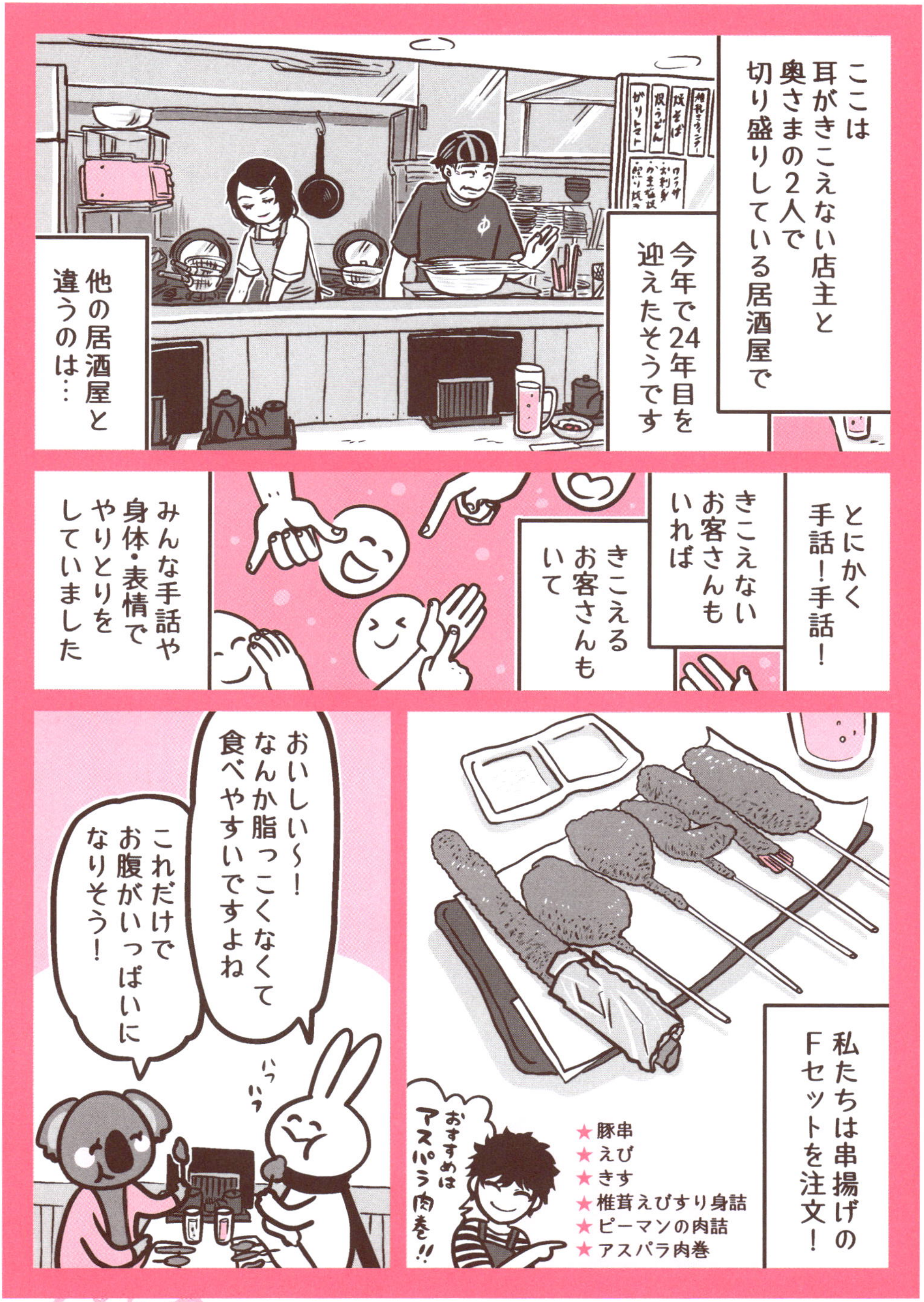
ここは
耳がきこえない店主と
奥さまの2人で
切り盛りしている居酒屋で
今年で24年目を
迎えたそうです
他の居酒屋と
違うのは…
とにかく
手話！手話！
きこえない
お客さんも
いれば
きこえる
お客さんも
いて
みんな手話や
身体・表情で
やりとりを
していました
私たちは串揚げの
Fセットを注文！
★豚串
★えび
★きす
★椎茸えびすり身詰
★ピーマンの肉詰
★アスパラ肉巻
おすすめはアスパラ肉巻!!
おいしい〜！
なんか脂っこくなくて
食べやすいですよね
これだけで
お腹がいっぱいに
なりそう！
ハフハフ

焼きそば
焼うどん
ガリトマト
お刺身
照り焼き
筆談ボードとか『耳がきこえません』などの説明書きとかそういったものが無いけれど…
耳がきこえません。
きこえるお客さんが来店した時どうしてるのかな？
耳がきこえるお客さんがこのお店のことを知らないまま来店してくるなんてこともありますか？
ありますあります！
私の耳がきこえないから
メニューから指差しで注文をお願いしますって伝えます
向こうは驚くんだけどな！
!?
あっはい!!
ガハハ

例えば…
ズイッ
ビール
2つ？とか！
手話以外にも身振りや顔の表情で通じ合えるよ
ここは外国のお客さんも多く来店するんだ
イタリアから来たお客さん
ありがとうございました〜！
いや〜…本当にとても素敵な時間が過ごせましたね
ホッコリ…
店主のお人柄がとても良かったですね
お客さんたちも…

友達に誘われて手伝ったのがバイトを始めたキッカケで…最初は指文字しか知らなかったんです
今はろう者と手話でコミュニケーションが取れるように！
店主と奥さまがとても話しやすくて…
ひとりでふらっと来て呑める安心感がある
いろんな人が来るからいろんな人と繋がれるんです
手話でお話するから勉強にもなるんです
一緒に呑んでいる人は3日前に知り合ったばかりなんですよ
ここのごはんがどれも美味しくて
また行きたくなるようなアットホーム感がありましたし
『串揚げ居酒屋ふさお』がお客さんたちに愛される理由が分かった気がします
障害の有無や国籍関係なくみんなが手話や身体・表情で語り合い、酌み交わす。
人と人を繋ぐ、温かい『串揚げ居酒屋ふさお』に
みなさんもぜひ訪れてみてはいかがでしょうか
串揚げ居酒屋 ふさお
FUSAO

うささ
01-03
入場済

01-03 東京 日本橋 ▶ 分身ロボットカフェ DAWN ver.β

第一章　ユニバーサルなお店巡り

うささ
01-03
入場済

世の中には多くのロボットがいます
人を癒すロボットだったり
人を手助けするロボットだったりと様々です
きこえない私は聴者の口の形や表情から情報を読み取りますが
表情が変わらず口の形が決まっているロボットと会話するのは
難しいだろうと思っていました
※表情が変わるロボットもありますが読唇が難しい印象を受けました
表情
読唇
聴者
ロボット
表情???
口の形???
?
そんな時に見つけた『分身ロボットカフェDAWN ver.β』の存在
外出困難者
操作
操作
遠隔操作する人を『パイロット』と呼ぶ
サービス
お客さん
OriHime-D
OriHime
外出困難者である従業員が分身ロボットを遠隔操作しサービスを提供するカフェです

人工知能ではない
この分身ロボットなら？
きこえない私でも
工夫すれば…
分身ロボットとの
おしゃべりを
楽しめるのでは!?
分身ロボット
カフェ行かないっ？
行こう
お友達2人と
東京 日本橋にある
『分身ロボットカフェ
DAWN ver.β』に
行ってきました！
DAWN
Shop

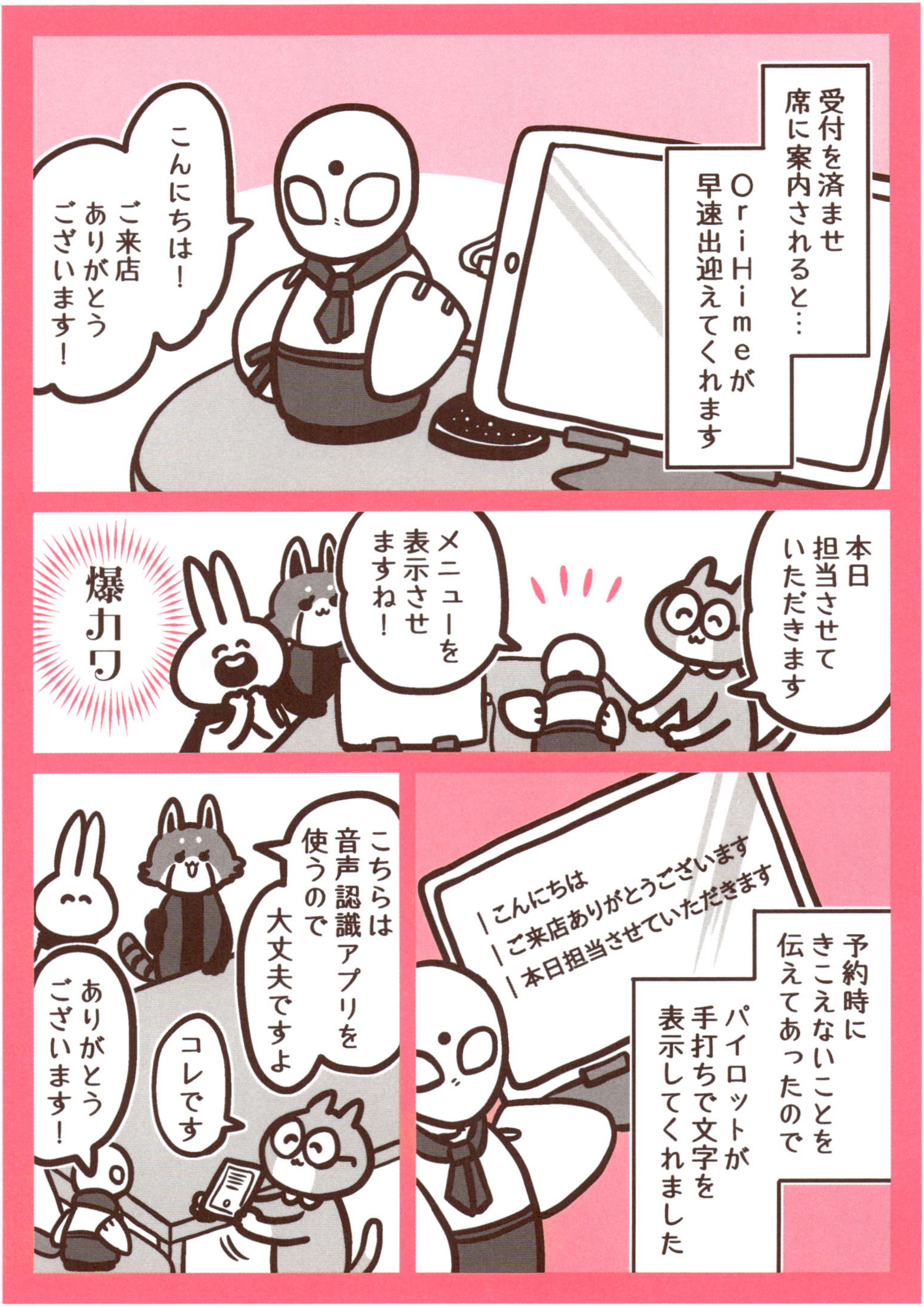
受付を済ませ席に案内されると…
OriHimeが早速出迎えてくれます
こんにちは！ご来店ありがとうございます！
本日担当させていただきます
メニューを表示させますね！
爆カワ
予約時にきこえないことを伝えてあったので
パイロットが手打ちで文字を表示してくれました
こんにちは
ご来店ありがとうございます
本日担当させていただきます
こちらは音声認識アプリを使うので大丈夫ですよ
コレです
ありがとうございます！

私たちはこのやり方でOriHimeとコミュニケーションをとることができました
ガトーショコラひとつ
筆談で伝える
見る
声で伝える
ろう者
ろう者
シフォンケーキひとつ
声で話す
見る
見る
スパイスチキンカレーひとつ
音声認識アプリ
多少の誤字はありましたがほとんど認識してくれました
※予約時にきこえないことを伝えてあったので
お店の方が書くための紙やペンを用意してくれました。ありがとうございます！
おいしそう〜！
※食べ物はお店の方が運んできてくれます
シフォンケーキプレート
スパイスチキンカレー
ガトーショコラプレート

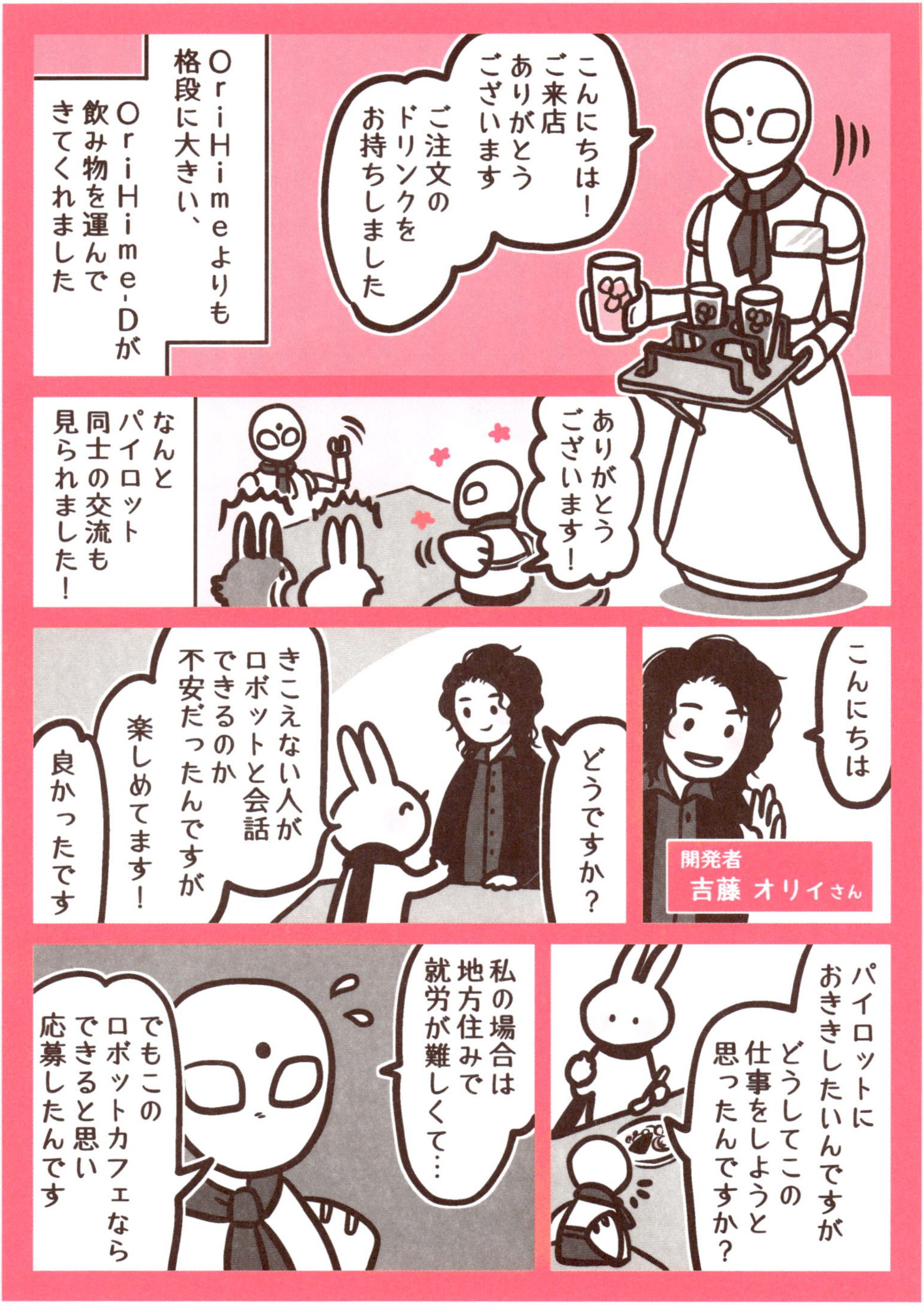
こんにちは！ご来店ありがとうございます
ご注文のドリンクをお持ちしました
OriHimeよりも格段に大きい、OriHime-Dが飲み物を運んできてくれました
ありがとうございます！
なんとパイロット同士の交流も見られました！
こんにちは
開発者
吉藤 オリイさん
どうですか？
きこえない人がロボットと会話できるのか不安だったんですが
楽しめてます！
良かったです
パイロットにおききしたいんですがどうしてこの仕事をしようと思ったんですか？
私の場合は地方住みで就労が難しくて…
でもこのロボットカフェならできると思い応募したんです

応募する前と今とで心境に変化はありましたか？
楽しいです!!
表情も声の抑揚も私には分かりませんが
その一言だけでとても嬉しい様子が伝わりました
外に出て働くことが難しい人たちと社会を繋ぐ
この取り組みは素晴らしいなぁ
きこえない人や外国人ともっとスムーズにやり取りができないか？
いろいろと模索されているようで
※2023年5月取材時
今後の分身ロボットカフェのアップデートがとても楽しみです！

1P-02
東京 日本橋
▶ 分身ロボットカフェ
DAWN ver.β
【後日談】
うささの寄り道1ページコラム
うささ 1P-02 入場済
DAWN
カフェのタブレットに字幕が実装されたみたい！
2024年11月に再度訪問しました
本当!?
字幕が出るように！
パッ
こんにちは OriHime パイロットのことのはと申します。
分身ロボットパイロット
ことのは(ことちゃん)
こんにちは OriHime パイロットのことのはと申します！
表示速度や精度はまだ開発中なので今後のアップデートに期待したいです
音をきき取ることや喋ることが難しい人でも OriHimeを操作すれば
お客さんが喋る言葉は字幕で文字起こしされて 自分が入力した言葉はお客様に合成音声で伝えるような接客ができるかもしれない
開発者
吉藤 オリイ さん
可能性を追い続ける吉藤さんを応援したくなりました

第一章　ユニバーサルなお店巡り

01-04 東京都内 ▶ 小さなパン工房 Dream

ある日、SNSに1通のDMが届いた
わぁ〜っ
漫画の感想を送ってきてくれるなんて嬉しいなぁ〜
あれ？この人パン教室をやっているんだ
おッ!? 子連れ歓迎のプライベートレッスン!?
元気いっぱい 5歳児 ムスメ
キャッホウ
周りに気を遣わず子どものペースでゆったり楽しめるのいいなぁ
フムフム
手話・筆談を使ったレッスンも可能です♪
ここに手話通訳者を派遣してもらっ…
えっ？
ってえええええええ!?
講師が手話を使うことができる!?
ムスメに良い体験させられるし良いこと尽くしじゃん！
ねぇムスメ——ッ パン作りやってみな——い!?
ぱっっ
パン!?
!?

東京都内にある『小さなパン工房Dream』に行ってきました！
にこ
にこ
今日はよろしくお願いします
相良 吉恵さん
よろしくお願いします！
手話を使ってくれている〜っ!!
パンのコースが選べます
※事前に決めます
※取材当時のものなのでメニューが変わることがあります
らくらくパンシリーズ
約2時間半
冷蔵発酵で作りやすく、もちもちタイプのパン。初心者向けでお子様がトライしやすい！
★フライパンパン
★ミルクスティック
★アンパン
★焼きチーズパン
オリジナルパンシリーズ
約3時間
らくらくパンシリーズに比べて、2〜3倍の小麦粉を使用する。パン屋さんのようなふわふわパンを目指したい人に！
★基本の丸パン
★コッペパン
★チェダーチーズパン
★3種のチーズパン
私たちはコチラをチョイス！
では
ワクワク
フライパンで作れる、アンパンを作りましょう！

あと半分入れるんだよ
すっ
こんもり
ちょっ多ッ!
わぁ〜〜!
そ〜〜っ
つめたくて
きもちいい
びよーーん
こうやってやるんですか？
そうですそうです
バー
ムスメちゃん
擦りッ
弾け飛ぶ生地
まって
あんこを載せてから
生地を下からひっぱりながら丸めていきます
できたッ
できたできた〜!

おいしい
出来立てだし
ホクホクでおいしいねぇ
手話通訳者
普通の料理教室に手話通訳者を呼ぶのもいいけれど…
……
まだ幼いムスメを見つつ
講師の話すスピードで手話通訳者も見て
尚且つ料理もする
みる
みる
料理
きこえない私にとってそのやり方だと目が1セットじゃ足りない…
う〜ん
でも
軽く叩くように
投げるといいですよ

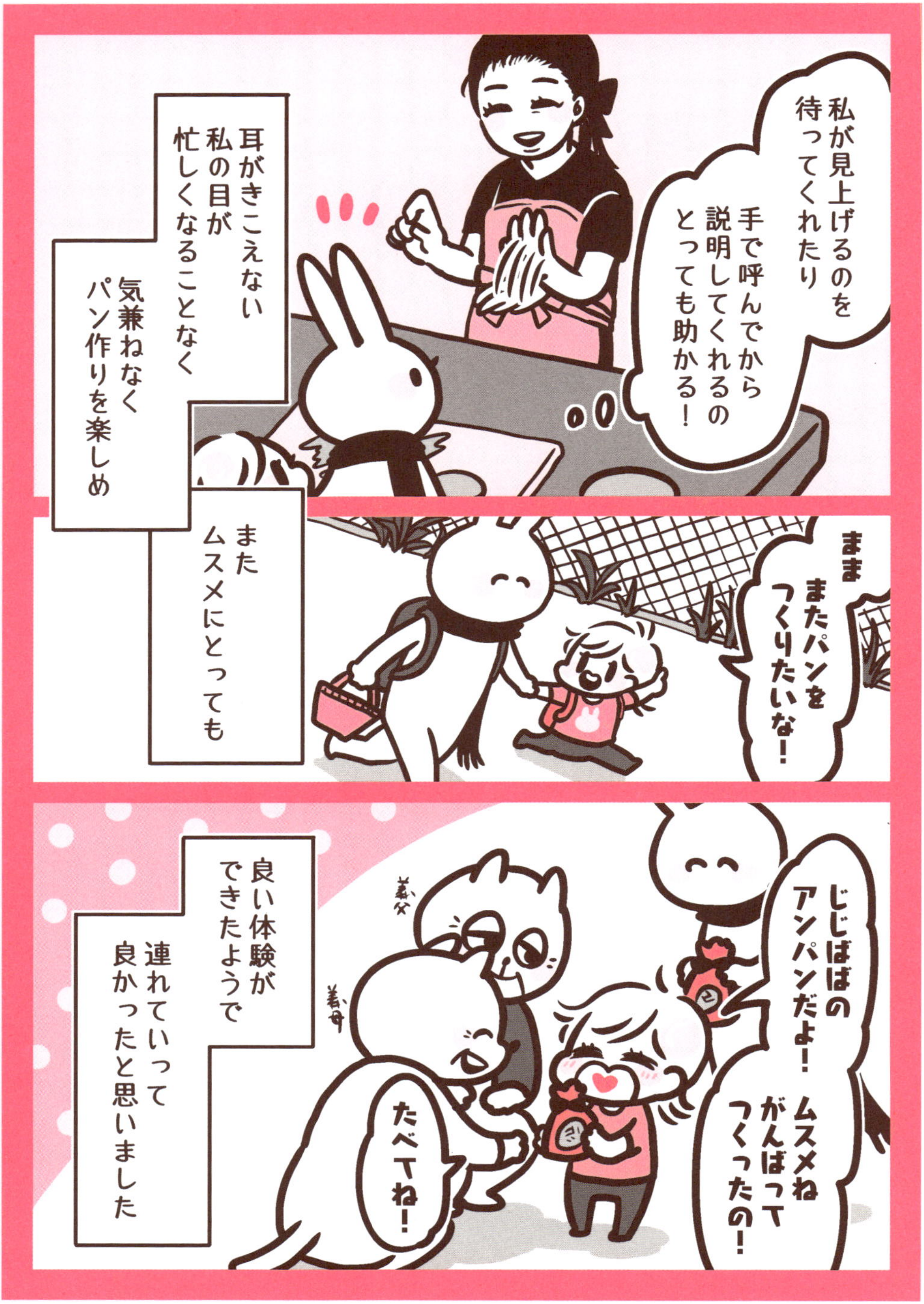
私が見上げるのを待ってくれたり
手で呼んでから説明してくれるのとっても助かる!
耳がきこえない私の目が忙しくなることなく
気兼ねなくパン作りを楽しめ
まま
またパンをつくりたいな!
またムスメにとっても
じじばばのアンパンだよ!
ムスメねがんばってつくったの!
義父
義母
たべてね!
良い体験ができたようで
連れていって良かったと思いました

うささ 01-05 入場済

01-05 東京 西日暮里 ▶ 麺屋 義

第一章 ユニバーサルなお店巡り

うささ 01-05 入場済

東京 西日暮里駅から
徒歩5分の所にある
ラーメン屋『麺屋 義』に
行ってきました
麺屋 義
何のお店なのか
瞬時に分かっちゃう
看板が私たちを
出迎えてくれました
やってるよ
自動券売機で
購入し
希望するものに
合わせた札を取り
券と一緒に注文します
うすめ
うすめ
こいめ
こいめ
ネギ抜き
人気No.1
特製醤油
らーめん
1,400円
醤油らーめん
1,000円
ワンタン麺醤油
1,200円
店主
毛塚 和義さん
どうぞ
ワッ…

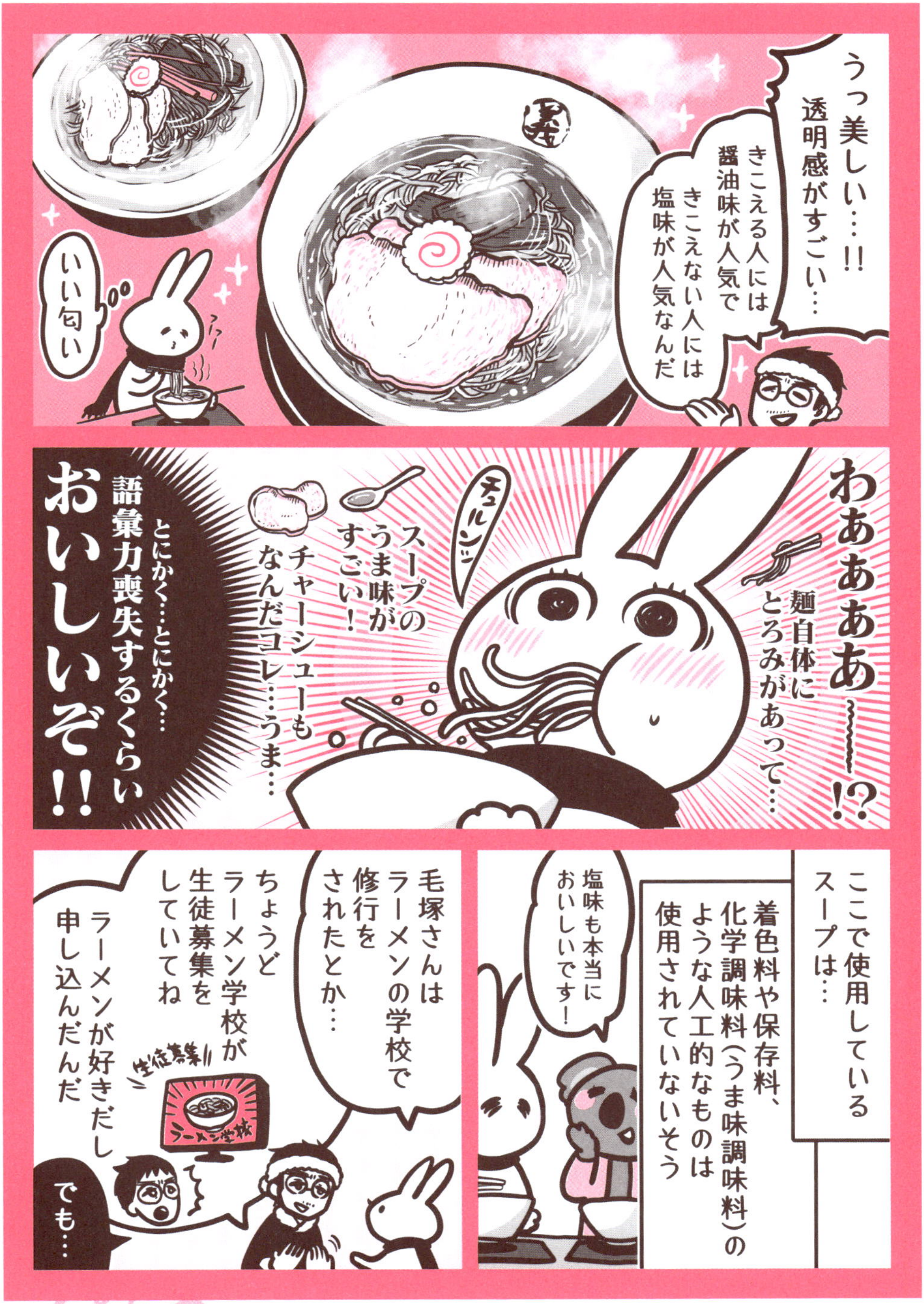
うっ美しい…!!
透明感がすごい…
きこえる人には醤油味が人気で
きこえない人には塩味が人気なんだ
いい匂い
わあああああ〜〜〜!?
麺自体にとろみがあって…
チュルンッ
スープのうま味がすごい!
チャーシューもなんだコレ…うま…
とにかく…とにかく…
語彙力喪失するくらい
おいしいぞ!!
ここで使用しているスープは…
着色料や保存料、化学調味料(うま味調味料)のような人工的なものは使用されていないそう
塩味も本当においしいです!
毛塚さんはラーメンの学校で修行をされたとか…
ちょうどラーメン学校が生徒募集をしていてね
生徒募集
ラーメン学校
ラーメンが好きだし申し込んだんだ
でも…

1回目
入学したいです！
ウォーッ
申込
耳がきこえない人はちょっと…
!?
NO
2回目
手話通訳者同行で入学したいです！
手話通訳者↓
授業の内容が分かる!!
授業料を2人分支払ってくださいね
!?
2人分必要ッ
3回目
自分でなんとかするから入学したいです！
諦めないっ
申込
分かりました入学を認めます
OK
3回目の申し込みで入学できたんだ
!?!?!?
エ〜ッ
ええ…手話通訳者無しで授業の内容を理解できたんですか？
だって…まだスマホも無い時代ですよね？
50~60%しか
ドーン
分からなかったよ
ははは
分からない所はとにかくメモ!!メモ!!
とにかく写真を撮る!!撮る!!
※デジタルカメラ
3000枚近く!!
授業が終わった後に先生に教えてもらったり友達に書き写させてもらったりしたよ

卒業前に同期5人がそれぞれ自作のラーメンを作る課題が出てね
きこえないのは毛塚さんのみであとはきこえる人たちなんですよね？
そうだよ
200人のお客さんにどのラーメンが最もおいしかったか投票してもらったんだ
嬉しいことに優勝！
1位!!
ラーメン自体、投票前から自信はあったんだけど
優勝したことでお店を開こうって決心できたんだ
2位の人とは約70票の差をつけたよ
スゴイ!!
情報保障の不足という壁があっても
諦めず作り上げた珠玉のラーメン。
ぜひみなさんも訪れてみてください
リピートする!!
ゲフッ
あっ
スープを飲み干した人だけ気付く遊び心にもホッコリ…
ぜひ、お店でチェックしてね♡

まだまだ
つづくよ!!
チュルン

うささ
01-06
入場済

01-10

東京 大塚 ▶

コドモカフェ・オトナバー TUMMY

第一章　ユニバーサルなお店巡り

うささ
01-06
入場済

東京 文京区にある『TUMMY』に行ってきました
あれっ!?
ココです
← 担当編集
入口が2つあるぞ？
右の入口が『オトナバー』で
WELCOME
オトナバー
コドモカフェ
左の入口が『コドモカフェ』なのか!
おじゃまします～
中に入ると…仕切りなどはなく
広いリビングがありました
MENU

子どもが楽しめるおもちゃや駄菓子の販売
大人が楽しめるバーや書籍棚があり
就労継続支援A・B型事業所で作られたものの販売もしていました
TUMMYを運営している橋本さんにお話をききました
代表
橋本 菜生美さん
ここはどういう場所なんですか？
子どもからお年寄りまで障害があってもなくても利用できる、『富山型デイサービス』スタイルを目指した場所なんです
？
『富山型デイサービス』……？？

『富山型デイサービス』とは
富山県
富山県在住の看護師・惣万佳代子さんが
1993年に先駆けとして始めた福祉サービスのことである
高齢者は介護施設へ
障害者は障害者施設へ
子どもは保育施設へ
『それぞれの場所で過ごす』という垣根を取り払う！
家庭的な雰囲気のある場所でみんなで一緒に過ごす
互いに支え合う
ほー!!
住み慣れた身近な地域にあるので
近所の家に遊びに行く感覚で集まるんですよ
このスタイルを東京でもやりたかったんです

先程、玄関の入口が2つあるのを見たのですが…あれは何故ですか？
大人は大人の入口から子どもは子どもの入口からみんな自然に分かれて入っていくんですよ
でも中の方でゆる〜く繋がっているんですけどね
大人と一緒に大人の入口から入るより
『自分の場所に行くんだ！』って気持ちで子どもの入口から入ってきてほしいんです
ランチセットを頂きました！
フード系（ランチセット・お菓子）は全て就労継続支援B型事業所からの取り寄せだそうです
1人で来ることもあれば家族で来ることもあるんですよ
女性1人でもふらっと来やすい場所ですもんね
そうなの！

ん？
恩送り
＊500円で知らない誰かに恩送り
＊知らない誰からのおすそわけ
たくさんたべてね！
ゆっくりがんばって
元気にたべてね
デカくなれ！
走り回る子どもが頭をぶつけないようテーブルの角を高齢者が押さえたり…
ワーーッ
ドタバタ
認知症だった高齢者が子どもと触れ合うことで徐々に落ち着いたり…
自閉症の子どもと関わっていくうちにどう接したらいいのか分かるようになったり…
互いに支え合う優しさがギュッと1つになった場所だと思いました
恩送り
＊知らない誰からのおすそわけ
コレでおいしいものたべてね

うささ
01-07
入場済

01-07

三重 阿下喜 ▶ 桐林館喫茶室 筆談カフェ

第一章　ユニバーサルなお店巡り

うささ
01-07
入場済

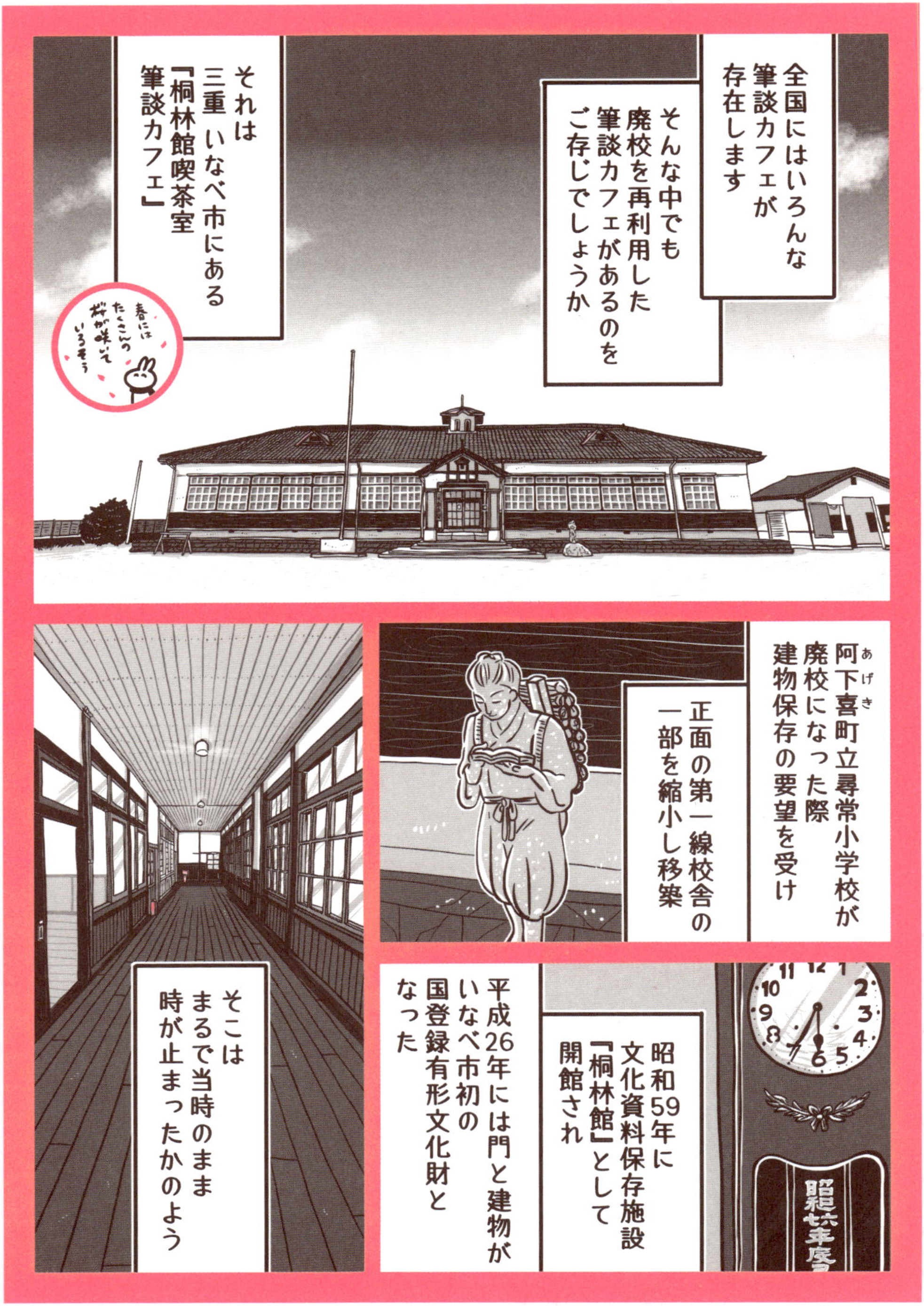
全国にはいろんな筆談カフェが存在します
そんな中でも廃校を再利用した筆談カフェがあるのをご存じでしょうか
それは三重 いなべ市にある『桐林館喫茶室筆談カフェ』
春にはたくさんの桜が咲いているそう
阿下喜《あげき》町立尋常小学校が廃校になった際建物保存の要望を受け
正面の第一線校舎の一部を縮小し移築
昭和59年に文化資料保存施設『桐林館』として開館され
平成26年には門と建物がいなべ市初の国登録有形文化財となった
そこはまるで当時のまま時が止まったかのよう

玄関に入って左へ進むと
校長室と教室が展示されていて
当時の様子を見ることができます
右へ進むと…
ん？
筆談カフェの入り口です
当店は『筆談カフェ』です。
筆談、ジェスチャー、手話など…『音声のない』会話を楽しむ空間。
喫茶室内での『音声会話』はお控えください。
ここからは声出しNGなのか〜！
ワクワク
中に入ると…
当時ここは職員室だったそうでレトロモダンな天井がとてもおしゃれ！
小学校風の机や椅子に座り
オーダーシートを書き込んでいきます
なににしよう〜♪

ん？
レジ→
レジの近くにあったのは耳栓とイヤーマフ。
訪れるきこえる人の7割が耳栓、3割が両方装着されるそう！
きこえる人が
両方装着すると、
すご〜く静かに
なるそう。きこえて
くるのは、自分の中の
咀嚼音のみになる。
この喫茶で頂くのはコッペパ…ではなく
『筆談コッペ』!!
★7・8月限定メニュー★
パリパリしまうまコッペ
★人気メニュー★
塩あんバタなコッペ
片手でペンを、もう片手で筆談コッペを持っておしゃべりを楽しもうというもの
この筆談カフェをやろうと思った理由は2つあるんです
にこにこ
2つ？
夏目 文絵さん
ろう者がホッとしたり安心できるような場所を作りたくて！
でも
一番の大きな理由は…

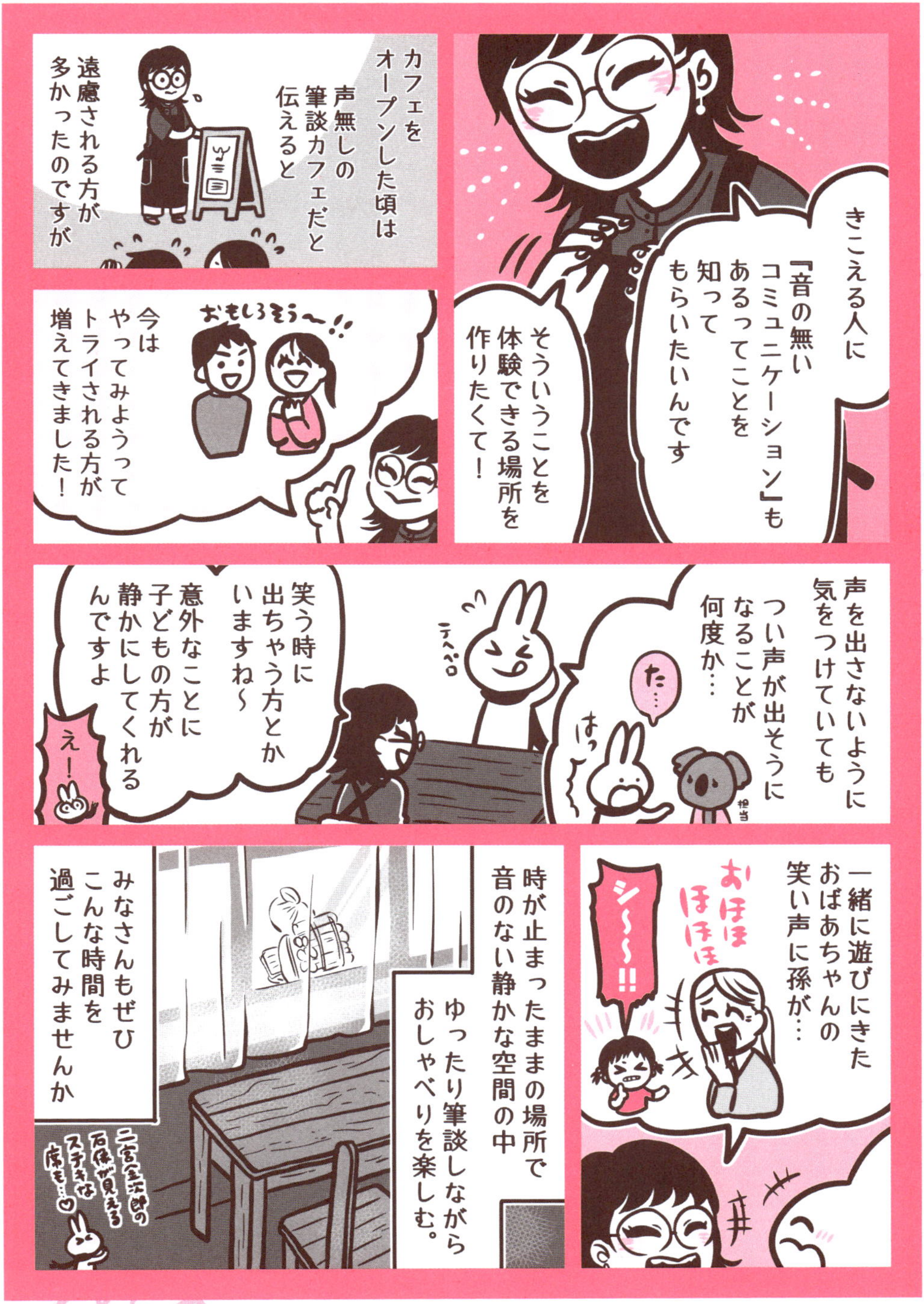

きこえる人に『音の無いコミュニケーション』もあるってことを知ってもらいたいんです
そういうことを体験できる場所を作りたくて!
カフェをオープンした頃は声無しの筆談カフェだと伝えると遠慮される方が多かったのですが
おもしろそう~!!
今はやってみようってトライされる方が増えてきました!
声を出さないように気をつけていてもつい声が出そうになることが何度か…
た…
はっ
担当
テヘペロ
笑う時に出ちゃう方とかいますね~
意外なことに子どもの方が静かにしてくれるんですよ
え!
一緒に遊びにきたおばあちゃんの笑い声に孫が…
おほほほほ
シ~~~!!
時が止まったままの場所で音のない静かな空間の中
ゆったり筆談しながらおしゃべりを楽しむ。
みなさんもぜひこんな時間を過ごしてみませんか
二宮金次郎の石像が見えるステキな席を…♡

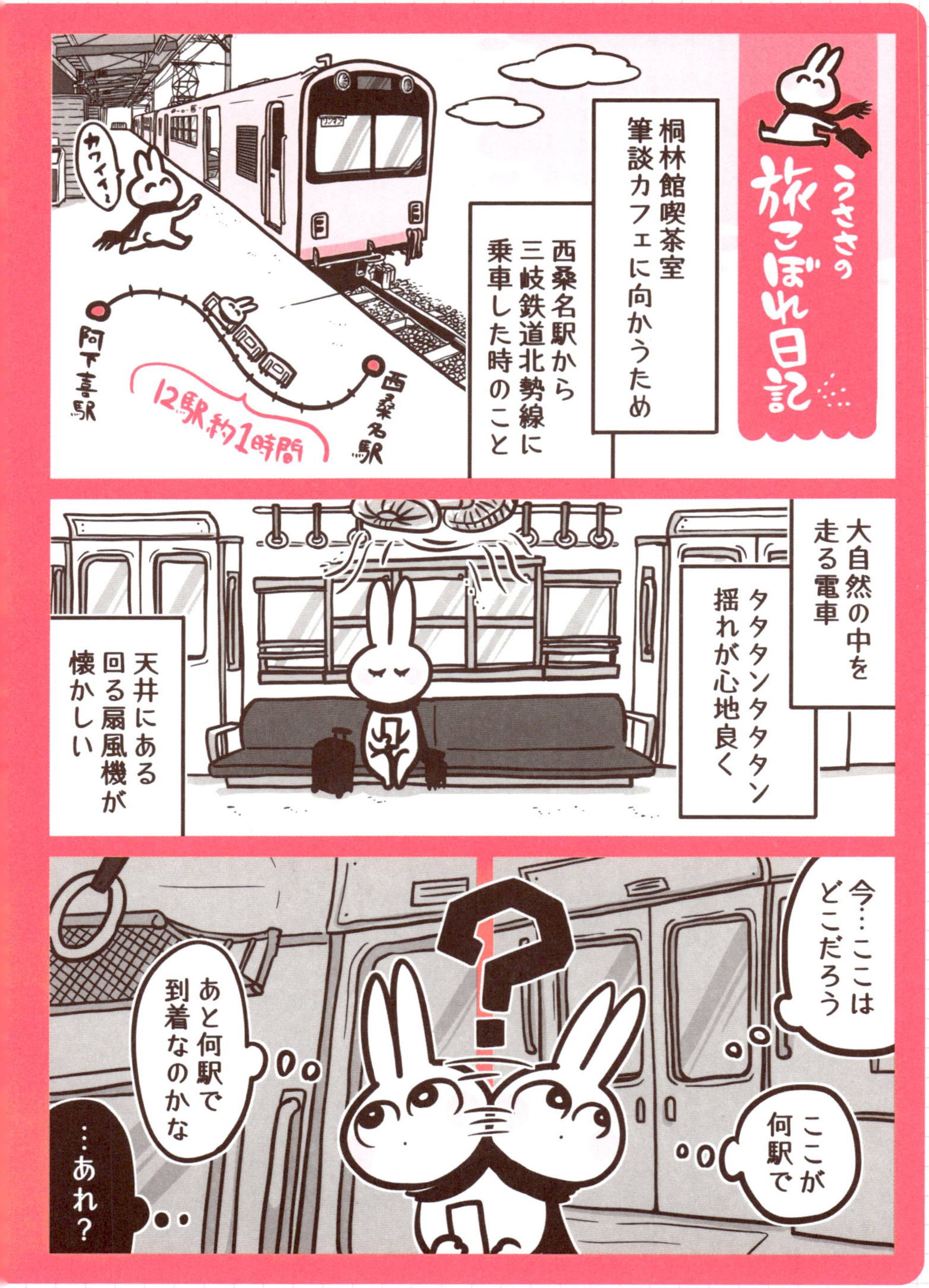
うささの旅こぼれ日記
桐林館喫茶室
筆談カフェに向かうため
西桑名駅から
三岐鉄道北勢線に
乗車した時のこと
カワイイ～
西桑名駅
阿下喜駅
12駅約1時間
大自然の中を
走る電車
タタタンタタタン
揺れが心地良く
天井にある
回る扇風機が
懐かしい
今…ここは
どこだろう
ここが
何駅で
あと何駅で
到着なのかな
…あれ？

あれえ〜〜〜!?
ドキーッ
まってこの電車!
電光掲示板が無いタイプ!!
停車駅一覧表も私が見える範囲には無い!!
音声案内のみ…!?
落ち着け私
学生時代の私はどうやって電車通学していた?
ドッドッ
ドッドッ
ドッドッ
ドッドッ
ドッ
次停車したらホームの駅名看板をチェックしないと!
私が降りるのは阿下喜駅!
『阿下喜』の文字が見えたらすぐ降りるんだ!
阿下喜
阿下喜
阿下喜
はっ
マップで現在地を調べられるよ!
乗った電車の時刻入力で
到着時間も途中駅一覧も確認できるよ!
スマホ
ぼくにお任せ〜!!
耳がきこえない私にとってスマホは情報を集めるための必需品。
携帯電話の進化に改めて感動しありがたく感じました

1P-03 兵庫 芦屋川 ▶ 芦屋川手話 cafe & BAR 〈Knot〉

うささの寄り道1ページコラム

うささ 1P-03 入場済

お店の前の看板がオシャレ!『ひととひととの結び目(を手話で増やしていく場を作る)』という理念。

前のオーナーが残したトルコランプがトイレ前を彩る

冷凍レアチーズケーキプレーンを頂きました!

店内を色々と改装中!

手話、口話、筆談…手段関係なくみんながそれぞれ思いのままに会話をし、

みんながゆっくりできて馴染める第二の家を目指したいです

オーナー
笠井 賢一郎さん

ハーブティー会、クラフトビール会、手話会、オフ会など…いろんなイベント有。詳しくはサイトをチェック!

うささ
01-08
入場済

第一章　ユニバーサルなお店巡り

01-08 大阪 中崎町 ▶ SHOJO カフェ

うささ
01-08
入場済

『静寂を楽しむカフェ』
そんなコピーに惹かれ…
MATCHA
大阪 中崎町駅から徒歩5分の所にある
『SHOJOカフェ』に行ってきました
総席数16席
和風で統一された店内は
静かな空間が広がっていました
18人のスタッフが働いており
内16人が難聴だそうです
・耳がきこえない
・きこえづらい
・きこえるけれど情報処理が難しい
スタッフがメニューを持ってきて
きこえないことを伝える案内板を見せてくれました
私たちスタッフのほとんどは耳が聞こえなかったり聞こえづらかったりします
私は『お抹茶と季節の和菓子』を注文。

タテに前後しながら
泡を立てると良いです
抹茶をたてるのが初めてでも大丈夫
スタッフが優しく教えてくれます
これくらいですか？
まだまだです（笑）
ふ〜〜
季節の和菓子もおいしいですよ
久々の抹茶〜落ち着くな〜
ん？
こんなのもあるんだね
ひっくり返す
スタッフと話したいです
静かに過ごしたいです
スタッフとお話したい、手話を勉強したい、などの理由で7割の方がこちらを選ぶそう
こんにちは
代表
松本 はるなさん

このカフェを立ち上げたきっかけは何でしょうか？
スマホに文字を打って見せてくれました
ベトナムのホイアンにある『Reachig Out Teahouse』っていう
耳がきこえない人たちが働くカフェに行った時なんですが
『オーダーシートで注文をお願いします
お客さん同士もできるだけ声での会話をしないで
静かな空間を楽しんでいってね』ってメモをもらったんです
注文をして
受け取って
友人と口パクでおいしいねって会話して…
その時に気付いたんです
あれ？
障害ってなんだ？

目の前にいるのはきこえない人。
けれど
音を取り除いたこのカフェ空間において
注文する時も友達と会話する時も
何の障害も無かったじゃないか
環境次第で障害って無くせるんだと思って
それでこのカフェを立ち上げたんです
雑音
車の音
人が話す音
スマホの音…
いろんな音から解放されて
リラックスしデトックスし
清らかな心で楽しめる場所にしたいんです
そういえば
さっきお話したお客さんもこんなことを言っていたなぁ

私はほぼ毎日ここに来ているんですよ
毎日！
ここには毎日訪れたくなる魅力があるのでしょうか？
私は聴覚過敏で…
いろんな音がストレスになるんです
ここは静かな場所なので
気持ちがリフレッシュできるんです
音の無い静かな場所を求めるお客さんがいる
その人にとって快適な場所を提供できているのは良いことだなぁ
みなさんもぜひ静寂の世界に足を踏み入れて
音のデトックスをしてみませんか
夏の間はオリジナルTシャツ着用

ここで一章はおわり。
ちょっとひとやすみ…
ホッ…

SHOP DATA

営業時間や休業日は変更になる可能性がございます。
公式サイトなどでご確認の上、おでかけください。

P14

Social Cafe Sign with Me

URL　https://signwithme.in

address　〒113-0033
東京都文京区本郷４丁目15-14
区民センター　１階

P7

スターバックス コーヒー nonowa国立店

URL　https://www.starbucks.co.jp

address　〒186-0001
東京都国立市北１丁目14-1
nonowa国立

P21

分身ロボットカフェ DAWN ver.β

URL　https://dawn2021.orylab.com

address　〒103-0023
東京都中央区日本橋本町３丁目8-3
日本橋ライフサイエンスビルディング31階

P15

串揚げ居酒屋 ふさお

URL　https://ja.fusao2000.com

address　〒169-0073
東京都新宿区百人町１丁目24-9

P35

麺屋 義

URL https://www.menyayoshi.com

address 〒110-0001
東京都台東区谷中３丁目24-1

P29

小さなパン工房 Dream

URL https://www.instagram.com/yoshiedon_s/

住所非公開／上記のInstagramアカウントのDMから
お問い合わせをお願いします

P47

桐林館喫茶室 筆談カフェ

URL https://www.torinkan.com

address 〒511-0428
三重県いなべ市北勢町
阿下喜1980

P41

コドモカフェ・オトナバー TUMMY

URL https://www.instagram.com/tummy.nita/

address 〒112-0011
東京都文京区千石３丁目5-15 1階

P55

SHOJOカフェ

URL https://www.instagram.com/shojo_cafe/

address 〒113-0033
大阪府大阪市北区中崎西１丁目10-13

P54

芦屋川手話 cafe & BAR〈Knot〉

URL https://www.k-knot2018.com/p/34/

address 〒659-0083
兵庫県芦屋市西山町1-2

第二章

ユニバーサルな取り組みを訪ねて

この章では、劇場、学校などの組織や、
文化、スポーツ分野での、ユニバーサルな取り組みについて
レポートします。

うさき
02-01
入場済

02-01 東京 田端 ▶ CINEMA Chupki TABATA

第二章　ユニバーサルな取り組みを訪ねて

うさき
02-01
入場済

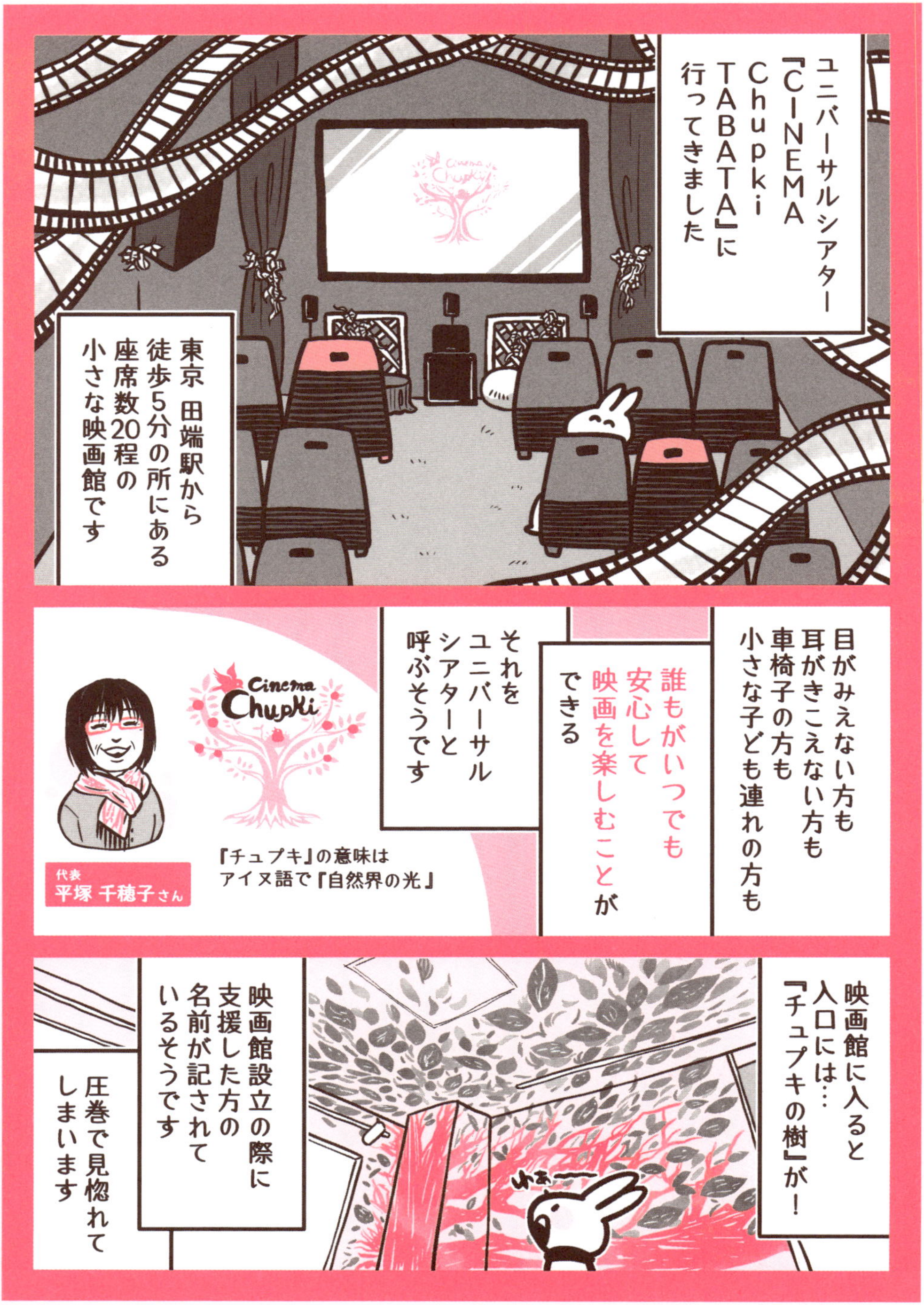

ユニバーサルシアター『CINEMA Chupki TABATA』に行ってきました
東京 田端駅から徒歩5分の所にある座席数20程の小さな映画館です
目がみえない方も耳がきこえない方も車椅子の方も小さな子ども連れの方も
誰もがいつでも安心して映画を楽しむことができる
それをユニバーサルシアターと呼ぶそうです
Cinema Chupki
代表
平塚 千穂子さん
『チュプキ』の意味はアイヌ語で『自然界の光』
映画館に入ると入口には…『チュプキの樹』が！
映画館設立の際に支援した方の名前が記されているそうです
圧巻で見惚れてしまいます
わあ——

ユニバーサルシアターだから

全員が楽しむことができる！

360° 音に包まれる フォレストサウンド

音を楽しみたい方、
視覚障害者の方

豊かな森にいるような
優しく包まれる音響を楽しむ。

音声ガイド ボリューム (＋スピーカー)

音声ガイドを楽しみたい方、
きこえにくい方

全席にイヤホンジャックが付属。
無料で貸し出しできます。
(3.5mmイヤホンジャックなら持参OK)

日本語字幕

字幕を楽しみたい方、
聴覚障害者の方

抱っこスピーカー

振動で音を楽しみたい方

音に合わせて振動を伝える。

親子鑑賞室 (完全防音)

親子で楽しみたい方、
真っ暗が苦手な方、
大きな音が苦手な方、
大勢で見るのが苦手な方、
友達とお喋りをしながら
楽しみたい方

上映中に
赤ちゃんが泣いたり
子どもがグズって
しまった時に移動して
映画を鑑賞できる。

※予約が必要です

車椅子スペース

車椅子の方

車椅子に乗ったまま出入りをし
鑑賞を楽しむことができる。

床が人工芝なので
座りながらのワークショップを楽しんだり
子どもや赤ちゃん連れの方、演奏会にもピッタリ!
映画が始まる前までは
小鳥のさえずりやカエルの鳴き声がきこえてきます
私が今回鑑賞したのはコチラ!
目の見えない
白鳥さん、
アートを見にいく
全盲の方が美術館鑑賞を楽しむドキュメンタリー
最初は全盲の方がどうやって鑑賞を楽しむの?と不思議に思っていましたが…
『自由な会話を使ったアート鑑賞』を楽しむ様子が見られてとても面白かったです
ドキュメンタリーで字幕に色が付かない為…
あれ?今のセリフ誰?
字幕をつける時は
誰が何を話しているのか分かるようにして欲しいです
参考にしますね
また行きたいと思える映画館でした

うささ 02-02 入場済

02-02 東京 綾瀬 ▶ かつろう キッチン

第二章　ユニバーサルな取り組みを訪ねて

うささ 02-02 入場済

きこえない・きこえにくい
子どもたちが通う
特別支援学校（ろう学校）の
高等部には
普通科だけでなく
いろんな学科が存在します
東京都立葛飾ろう学校
Tokyo Metropolitan Katsushika School for the Deaf
その中でも
全国で唯一、調理師免許が
取得できるろう学校として
知られている『葛飾ろう学校』に
行ってきました
ここでは月に一回、
調理師を目指す生徒たちが
学校内の会議室を使って
『かつろうキッチン』を
運営しているのです
中に入るとすでに
大盛況、ほぼ満席！
ろう者も聴者も
みんなおいしく
ランチを
頂いていました

！
ペカー
この日は…
ワッ
すごい！
クリスマスメニュー！
高校生が作ったとは思えないクオリティ！どのメニューもおいしい〜！
うささのお気に入り
ホタテとグレープフルーツのサラダ
担当編集
初めて見るような食材が多くないですか？
コレとか…
えっ？
本当だ〜！
クリスマスツリーみたいな見た目！
ロマネスコ
小さくてカワイイ玉ねぎ
ホワイトパールオニオン
ビタミンCはキャベツの4倍!!
芽キャベツ

調理師養成施設担当の
柏倉先生に
お話をききました
柏倉先生
どれもおいしく
いただきました
珍しい野菜や
スーパーでは
見かけないような
野菜がありましたね
今回はクリスマスが
テーマでして
珍しい野菜を
使ってみたいと
野菜を
卸してくれる方に
相談して
この野菜はいかがですか？
珍しい野菜を
提案してもらい
それを生徒たちと
話し合いながら
メニューを考案しました
うーん
レストラン
運営だけでなく
お菓子販売も
されていましたよね
地域との交流が
多いんですね
はい
葛飾の総合防災訓練や
他のイベントにも
参加しているんですよ

第17回全国高校生食育王で優勝されたそうで！おめでとうございます～！
パァン
この大会では葛飾の名産品である小松菜を使った『小松菜丼』を開発したんですよ
毎年、大会を通じて葛飾野菜を全国にPRしているんです
地域との関わりを大事にしているんだなぁ
葛飾野菜
千住ネギ
本田ウリ
中野甘藍《キャベツ》
亀戸大根
金町小蕪
葛飾ろう学校では
卒業御膳食べてみたい…
手話ができる教師の元で料理を学べるので
料理に興味のある、きこえない・きこえにくい方はぜひ一度、かつろうキッチンを訪れてみてはいかがでしょうか

1P-04 東京 or 神奈川 ▶ ウォーキングサッカー・イン・ザ・サイレンス

うささの寄り道1ページコラム

うささ 1P-04 入場済

東京にある『ウォーキングサッカー・イン・ザ・サイレンス』にムスメと一緒に参加してきました。

耳がきこえない人や声が出にくい人（失声症）、健常者、高齢者、子ども…障害の有無や年齢に関係なくウォーキングサッカーを音無しで楽しもう！というものでした。

ウォーキングサッカーとは？

歩いてプレーするサッカーのこと。

★走るのはNG 早歩きもNG

★強く蹴らないこと

★相手にプレーをさせよう

※相手がボールを保持している時は取りに行かない

フットサル経験者の私慣れなくて悶絶！

サッカー未経験者のムスメにもパスしてくれました

全員が同じラインで楽しめるのでムスメも私も良い体験になりました。

ちなみに…ウォーキングサッカーは効率の良い運動効果が期待できるみたいだよ！

うささ
02-03
入場済

02-03 神奈川 川崎 ▶ デフ・パペット・シアター・ひとみ

第二章　ユニバーサルな取り組みを訪ねて

うささ
02-03
入場済

『デフ・パペットシアター・ひとみ』は、きこえない人ときこえる人が協力しながら
公演活動を行なっている人形劇団です
人形劇が持つ視覚的な魅力に着目し、新しい表現に挑戦し続けています
公演作品の一つである『一寸法師とお楽しみ交流会』を観に
5歳のムスメと一緒にティアラこうとうに行ってきました
普通の人形劇とどう違うのかな
まだかな～
もうすぐ始まるよ!
ドドドンッ
突如鳴り響く音楽と共に出演者が登場!
わあ～～っ

歌と踊りから始まり
人形の宙返りや曲芸、語り、
からくり…いろんなものを見せてくれました
何よりも魅力的だったのは…
ドン
ドドン
手話を交えつつ人形を動かしながら
身体全体で表現する出演者！

人形劇って…
人形メインで
人形を持つ人は影で支えるイメージがあったけれど…
デフ・パペットシアター・ひとみでは
『人形と一緒に出演者も魅せる』
なんて面白いのだろう
講演後の交流会では人形の宙返り体験、
えいっ
からくりの仕組みやいろんな楽器に触れる時間もあり
気がついたらムスメも私もデフ・パペットシアター・ひとみの世界観に引き込まれていました

公演後
おにが あいたたたって あばれてたの おもしろかった！
ははは ままもあそこは 笑っちゃったよ～
最後に手話 覚えてね～って 言ってたよね
どう？ 覚えてるかな
『たのしい』！
こう？
顔は どうするんだっけ？
『楽しい』って 手話を 使う時は 顔も 楽しそうに！
えっと…
にぱっ
バッチリ～！
今回の公演では 5歳のムスメが楽しみつつ 手話にも触れられる 良い体験ができたと思います

別の日に
神奈川にある
稽古場に訪問し
別作品の稽古の様子を
見学させて
いただきました
風の音が
出てくる時は
『かぜ』の文字を
投影するなど
かぜ
きこえなくても
その場の音が
伝わるように工夫が
されていました
人形だけではなく
出演者の動きや
表情がとても豊かであり
きこえるきこえない関係なく
視覚的に楽しませてくれる
のだと思いました
ぜひ皆さんも
観に行ってみては
いかがでしょうか

うささ 02-04 入場済

第二章　ユニバーサルな取り組みを訪ねて

02-04

東京 浜松町 ▶

ダイアログ・ダイバーシティミュージアム「対話の森®」

ダイアログ・イン・サイレンス

うささ 02-04 入場済

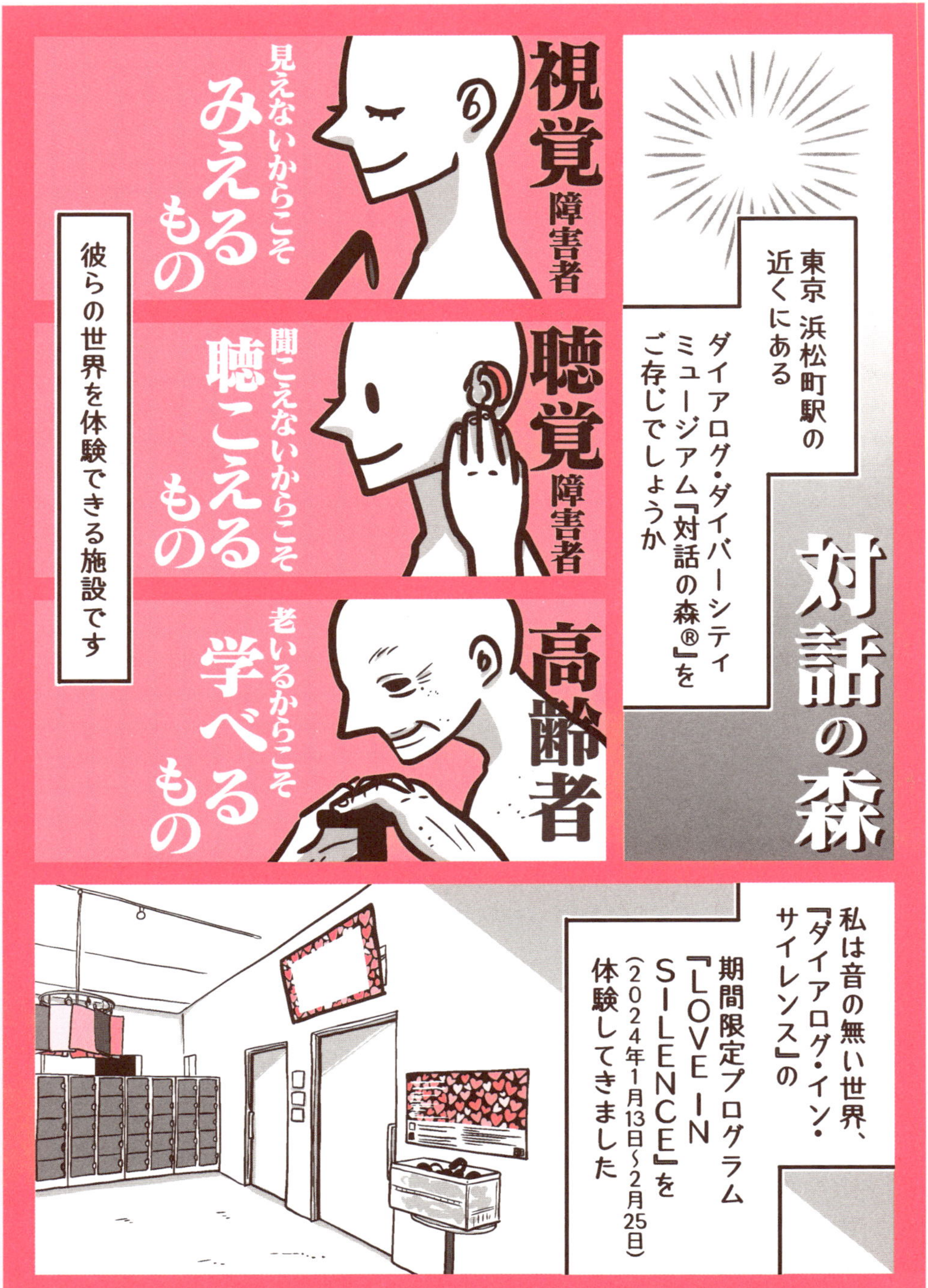
対話の森
東京 浜松町駅の近くにある
ダイアログ・ダイバーシティミュージアム『対話の森®』をご存じでしょうか
視覚障害者
見えないからこそ みえるもの
聴覚障害者
聞こえないからこそ 聴こえるもの
高齢者
老いるからこそ 学べるもの
彼らの世界を体験できる施設です
私は音の無い世界、『ダイアログ・イン・サイレンス』の
期間限定プログラム『LOVE IN SILENCE』を（2024年1月13日〜2月25日）
体験してきました

補聴器は
取ってくださいね
えっ
補聴器を？
ケース
音を遮断する
ヘッドセットをどうぞ
スチャッ
えっ
私も？
補聴器無し、
手話も使えない
あれ？コレ
大丈夫かな？
まてよ
表情と
ジェスチャーが
OKな
この状況って…
『声』は箱に
しまいしょうね
おもし
ろい～
声
手話はNGです
えっ
思わず声が出た
参加している
ろう者も聴者も全員が
全く同じ環境にあり
障害の有無は
関係なく
みんなが等しく
そこに存在している
なんか…
不思議な
気持ち…

アテンドと呼ばれる聴覚障害者の案内人が
豊かな表情と身体全体を使いながら
私たち参加者を導いてくれます
部屋ごとにテーマが異なり
他の参加者と協力しながら
コミュニケーションを取っていきます

手話禁止って
言われた時は
大丈夫なんか!?
って
思ったけれど…
イエーイ!
表情と
身体の動きだけで
意外と通じるもの
なんだなぁ
楽しいなぁ
一通り終わった後…
参加者の1人が
こう言いました
目と目を合わせて
会話することが
いかに大事なことか
気付かされました
そう!
そうなの!
目と目を合わせて
会話することが
私たち
きこえない人には
大事なことなの!
この体験を通して
聴者が気付いて
くれるなんて…
ホロリ
音の無い世界を
『怖い』と
マイナスではなく
『楽しい』とプラスで
受け止めることが
できる場所だと思いました

実は…サイレンスだけでなく特別にほんの少しだけこちらの体験もしてきたんです
カッン
あぁ
上下左右
何も分からない
方向の感覚が麻痺する
なんて真っ暗なのだろう
そっ
そう
ここは
視覚障害者の案内で純度100%の暗闇の世界を体験する『ダイアログ・イン・ザ・ダーク』

きこえない
私は…今
盲ろう状態
なんだよね？
※目がみえず、
耳もきこえない
これが
ヘレン・ケラーの
世界
この世界で
彼女は
水の存在を
知ったのか
私は少し『歩いて』
少し『触る』
体験をしましたが
アテンドの声の案内で
日常のいろんな場面を
体験できるそうです
※今回は取材のため
特別に体験しています
現在は、聴覚障害の方は
体験ができないそうです
？
これは…
なんだろう？
日常生活の中で
実際に
出会う機会が少ない、
聴覚障害者や
視覚障害者と対等に
楽しみながら出会える
ダイアログ・ダイバーシティ
ミュージアム『対話の森®』を
ぜひ体験してみては
いかがでしょうか

パァアァアァ

うささ
02-05
入場済

02-05 東京 渋谷 ▶ よしもと手話ブ！

第二章　ユニバーサルな取り組みを訪ねて

うささ
02-05
入場済

観たいお笑い番組があるとまず、字幕の有無を確認し
次に生放送なのかそうでないのか確認します
生放送で、字幕付きだったら私はその番組を見るのを諦めます
なぜならばコントや漫才の展開の速さに字幕がついていけず字幕が出ないことが起こってしまうからです
耳がきこえない私が生のお笑いを見て
笑う
それができるのは遠い夢の話かなぁ
そう思っていたのですが…
ある日たまたま目にしたSNSで気になるワードを発見したんです
え？
『よしもと手話ブ！』？
吉本芸人が手話でライブをやるの？
どうして吉本芸人が手話を？
日本手話なのかな？
私でも分かるのかな？
調べれば調べるほど気になったので…

東京 渋谷にある
ヨシモト∞ドームにて
『よしもと手話ブ!』の
ライブに
行ってきました
よしもと手話ブ!ライブ vol.10
手話漫才
よしもと手話ブ!ライブ vol.10
ドキドキ…
ご主人
2020年の頭から
活動を開始し、今回で
10回目になるそうです
手話もツッコミも
キレッキレの
チーモン
チョーチュウの
菊地さん
『よしもと
手話ブ!』の
部長であり
ボケがナナメ上の
カエルサークル
ソイさん
ふんわりボケて
ふんわりツッコむ
上河内貴人さん
主にこの3人で
ライブを
やられており
ライブの場所に
よっては
次長課長 河本さん
麒麟 田村さん
この2人が
出てくる日も
あるそうです

手話漫才と「私は誰でしょう」ゲームで大盛り上がり!

手話でのライブだからこそろう者・難聴者のお客さんとの距離感がとても近い!

ちなみにこのライブは…『日本語対応手話』でした!

例えば…
「今日はどこへ行くの」を伝えたい時

★ **日本語対応手話** なら

今日 + どこ + 行く と表現。

日本語の文を単語に分けて1つ1つ表現したもの。声に出して使うことが多い。

★ **日本手話** なら

今日 + 行く + どこ と表現。

「ろう者的手話」「伝統的手話」と呼ばれ、日本語とは全く違う特性を持つ。

日本手話を知らなくても大丈夫!ろう者も難聴者も聴者もみんなが楽しめます

ライブの後『よしもと手話ブ!』の部長であるソイさんに話をききました
ライブを楽しませていただきました!
わ~ありがとうございます
このライブの為に手話を覚えたのでしょうか?
すごく疑問…
『よしもと手話ブ!』結成の理由はなんでしょうか?
元々は高校の時に先生に隠れて
友達と指文字でおしゃべりをしたのが始まりで…
し~
カワイイエピソード
★指文字とは?
50音1つ1つに決まった形があり、1文字ずつ指の形を変えて表現。人名や地名など手話での表現が難しい時に使う。
あ
い
う
高校を卒業後、
手話
本やテレビ、サークルなどで本格的に学び始める
お笑い
お笑い芸人として活動をする
この2つは別々だったんです
バラエティ番組にはテロップがあるから少しだけ楽しめるけれど…
ネタ番組には字幕が無い。
字幕があっても…映像とタイミングが合わない。
エーッ
!?
ろう者の手話講師
う~ん

そもそも…生のお笑いを観に劇場に通うろう者は
きいた事が無い。
ピシャーン
ろう者のお笑いの現況を知り、ショックを受け…
なんとかできないのかな…
あなたはお笑い芸人なんだから
さらりっ
あなたが手話でお笑いをやってよ！
…！
～っていうのがキッカケで『よしもと手話ブ！』を立ち上げたんです

ソイさんに今後の目標や夢があったらおききしたいです
まず、きこえない人も楽しめる世の中にしたい
お笑いライブを観たいなら『よしもと手話ブ！』があると多くのろう者に知ってもらいたいです
手話
×
お笑い
シュワライ!!
これを広めて
楽しみながら手話を覚える人が増えてほしいと思っています
大きな夢を語るソイさんの今後を応援したいと思いました
おもしろかったね～
次のライブにも行きたいな～

うささ
02-06
入場済

02-06

日本・東京（開催地）▶

デフリンピック

第二章　ユニバーサルな取り組みを訪ねて

うささ
02-06
入場済

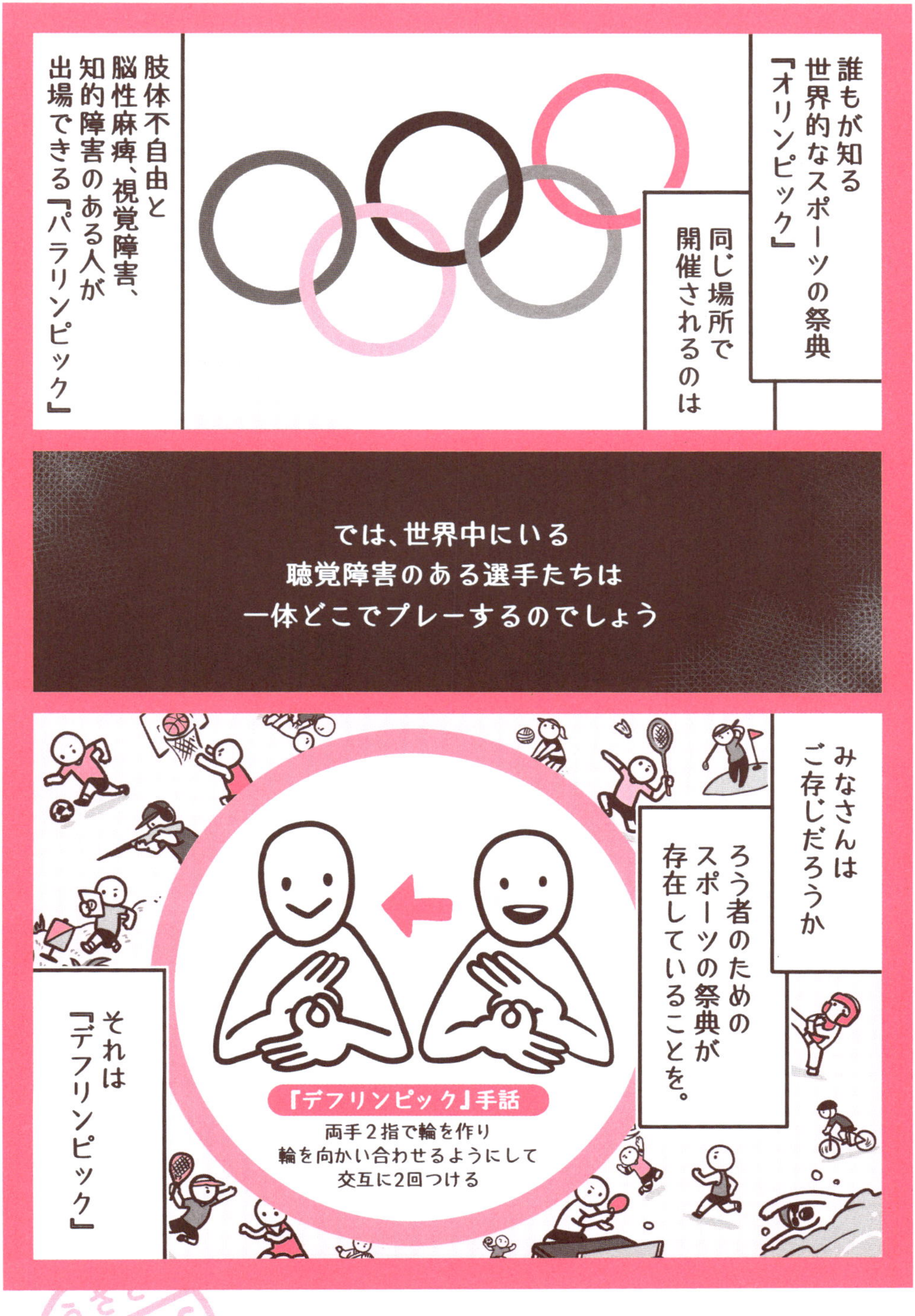
誰もが知る世界的なスポーツの祭典『オリンピック』
同じ場所で開催されるのは
肢体不自由と脳性麻痺、視覚障害、知的障害のある人が出場できる『パラリンピック』
では、世界中にいる
聴覚障害のある選手たちは
一体どこでプレーするのでしょう
みなさんはご存じだろうか
ろう者のためのスポーツの祭典が存在していることを。
『デフリンピック』手話
両手2指で輪を作り
輪を向かい合わせるようにして
交互に2回つける
それは『デフリンピック』

デフリンピックはオリンピックと同様
4year
デフリンピック運営委員会事務局長
倉野 直紀さん
夏季大会と冬季大会がそれぞれ4年ごとに開催されます
1924年にパリにて1回目のデフリンピックが開催され2025年に100周年を迎えます
デフリンピック
100
100th Anniversary
パラリンピックより長い～！
※パラリンピックは1948年から開催
!?
記念すべき100周年の『第25回夏季デフリンピック』開催地に選ばれたのは…
なんと…日本・東京!!
2025年、日本で初めて
国際スポーツ大会「デフリンピック」開催！
TOKYO 2025
25TH SUMMER DEAFLYMPICS
日本初の開催なんだよ
今まではろう者のみの運営でしたが多様性を尊重してろう者ときこえる人が一緒になって運営しています
ワァイ!!

2025東京大会 競技一覧
陸上
サッカー
オリエンテーリング
テニス
バドミントン
ゴルフ
射撃
バレーボール
バスケットボール
ハンドボール
水泳
レスリング（フリースタイル）
ビーチバレーボール
柔道
卓球
レスリング（グレコローマン）
自転車（ロード）
空手
テコンドー
自転車（MTB）
ボウリング
今回の2025東京大会では21競技が決定されています
『ボウリング』はオリンピックにもパラリンピックにも無い競技だね！
聴覚障害のある選手が出場できるとのことですが出場資格はなんでしょうか？
きこえないにもいろいろある…
補聴器や人工内耳を外した状態で
55dB
55dB以上の音がきこえない人が出場できます
・dBとは…
音の大きさを表す単位であり聴力レベルとしては数字が大きいほどきこえにくくなる

プレー中は補聴器も人工内耳も外すことが義務となっているんですよ
外す
じゃあ完全に音の無い世界でのプレーになるんですね!
補聴器を外すと何もきこえない
補聴器や人工内耳を外すのを忘れて
失格
失格になってしまった選手もいるんです…
あっ
音の無い世界でのプレーになりますが
選手たちはこういう風に仲間とコミュニケーションを取りながらプレーをしています
アイコンタクト
手話言語
オリンピックやパラリンピックではスタートの音や審判の笛の音など…音で気付かなければならないシーンが多くあります
補聴器や人工内耳を外すことが義務とされている、デフリンピックではどのような工夫があるのでしょうか?

競技で必要な音が見て分かるように
選手に伝えることを『視覚的情報保障』といって左のような工夫をしています
空手・テコンドーなど
パッ
開始、止めなど選手への合図としてランプが光る
陸上
ピカッ
ピストルと連動して光る
水泳
ピカッ
交通信号のように白・赤・青と3箇所が順に光る
サッカー
審判もフラッグを使用
目で分かる工夫がどこなのか
探しながら観戦するのも面白そう！
2025年大会の開催地が東京なのですが
他国にはない東京ならではの強みはなんですか？
目に見える情報が街中にあること
翻訳付音声認識モニター
おはようございます
Good morning
指差しシート
接客の際に筆談してくれるなどユニバーサルコミュニケーションが発達していること。
これらを世界中に広めたいです！
TOKYO
2025年11月はみんなでデフリンピックを応援しよう！
Fight!!
東京2025デフリンピック公式マスコット
ゆりーと

うささ
02-07
入場済

02-07

東京
門前仲町

もんなか がっちゃん's「こころの通訳者たち」

第二章　ユニバーサルな取り組みを訪ねて

うささ
02-07
入場済

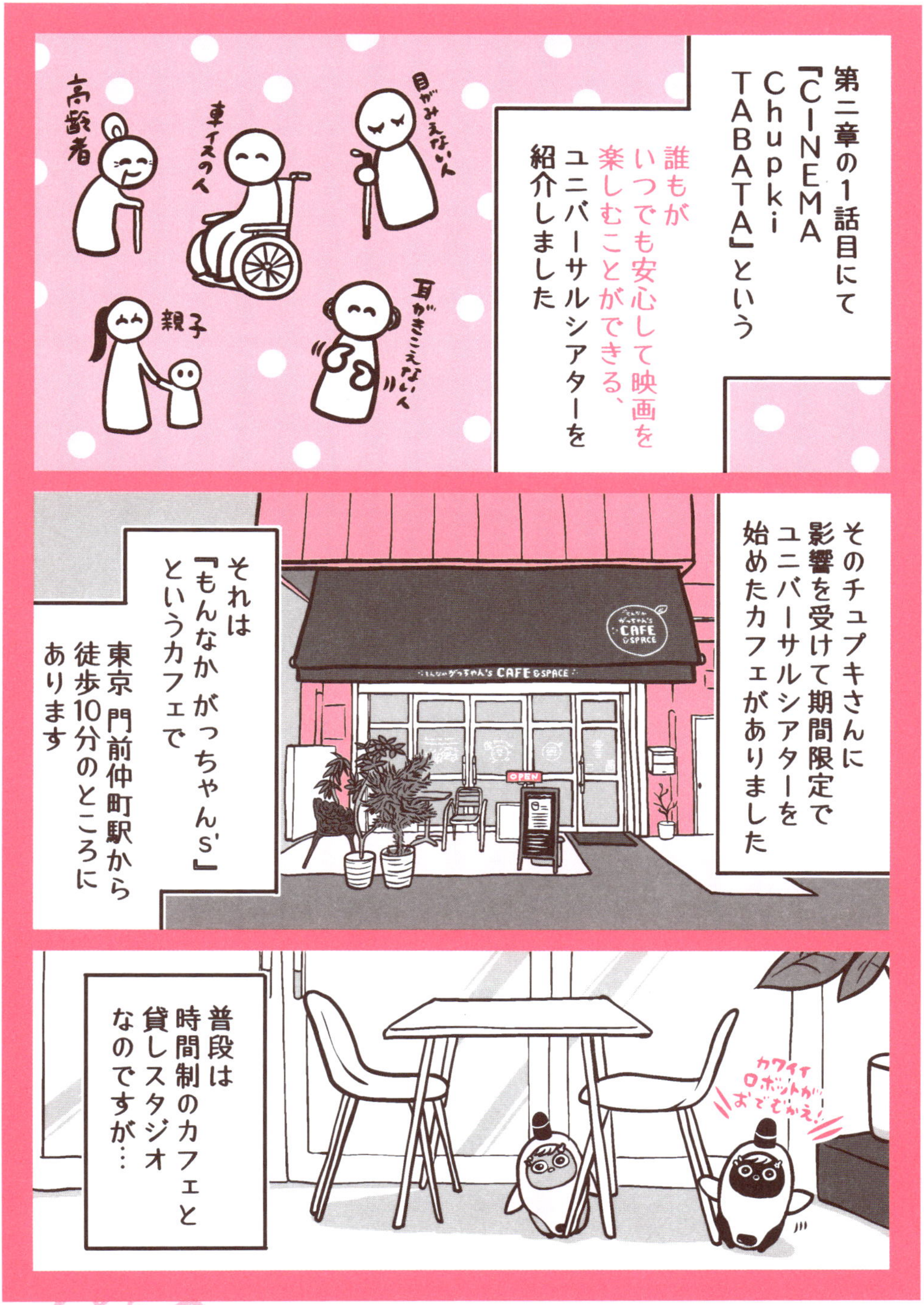
第二章の1話目にて『CINEMA Chupki TABATA』という
誰もがいつでも安心して映画を楽しむことができる、
ユニバーサルシアターを紹介しました
目がみえない人
車イスの人
高齢者
耳がきこえない人
親子
そのチュプキさんに影響を受けて期間限定でユニバーサルシアターを始めたカフェがありました
それは『もんなか がっちゃんs'』というカフェで
東京 門前仲町駅から徒歩10分のところにあります
CAFE & SPACE
OPEN
普段は時間制のカフェと貸しスタジオなのですが…
カワイイロボットがおでむかえ!

毎週日曜日になると
スタジオが座席数20～30程の
ユニバーサルシアターに
変わるんです！
※現在は終了しています
キャンプ～
友人
広々としたスタジオに
敷かれた人工芝と
アウトドアチェアで
野外キャンプを
している気分に！
耳が
きこえない人には
バリアフリー
字幕を
目が
みえない人には
音声ガイドを
提供しています
おはようございま
お昼の回は
親子で
楽しめるものを
チョイス。
なんと芝生に
寝っ転がりながら
観ても
良いそうです！

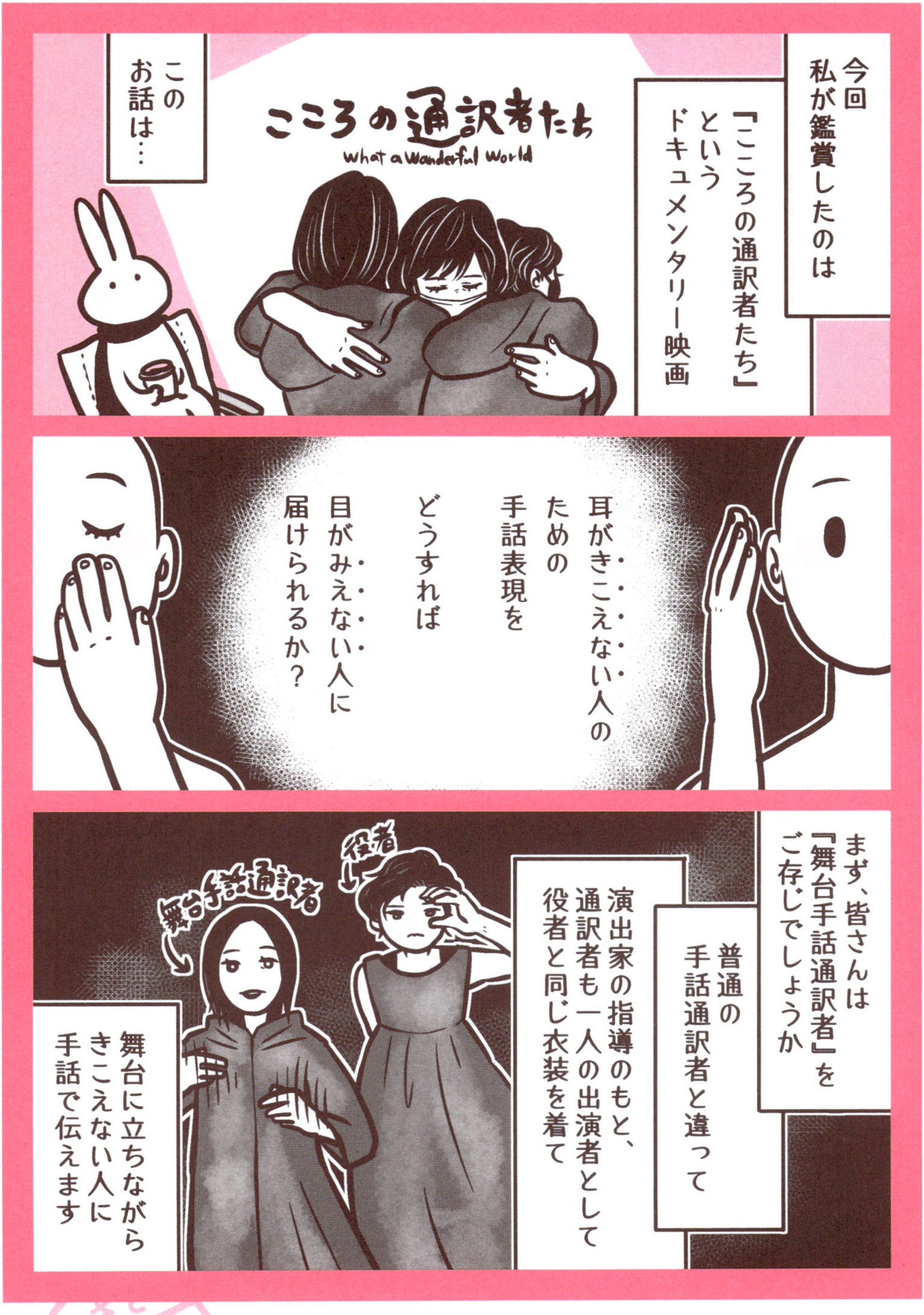

今回私が鑑賞したのは
『こころの通訳者たち』というドキュメンタリー映画
こころの通訳者たち
What a Wonderful World
このお話は…
耳がきこえない人のための手話表現をどうすれば目がみえない人に届けられるか？
まず、皆さんは『舞台手話通訳者』をご存じでしょうか
普通の手話通訳者と違って
演出家の指導のもと、通訳者も一人の出演者として役者と同じ衣装を着て
役者
舞台手話通訳者
舞台に立ちながらきこえない人に手話で伝えます

ざっくりまとめて…
こんなお話です。
※うささ視点
※台詞はうろ覚えです
きこえない人に演劇の感動を伝えたい！
3人の舞台手話通訳者を追った
ドキュメンタリー映像
自宅練習
手話監修
もっと爆発!!
バーン
開演ギリギリまで練習
台本に手話のメモびっこり
モンダイアリマセン
ひぃっ
がんばったら～!!
ドーン!!
このドキュメンタリーを
目がみえない人にも伝えたい！
CINEMA Chupki TABATA代表
平塚 千穂子さん
音声ガイドだけで舞台手話通訳者の表現は伝わる？
こうしたらどうですか？
みえない人
ナレーター
意見
台本
伝えたい…
う～ん
情報
背中押し
ここ大変だったんです～
舞台手話通訳者
「やってみる」に価値があります!!
きこえない人
いろんな人の意見を取り入れながら完成していくお話です。

きこえない私でも
この映画は
新しい発見の
連続でした
音声ガイド（説明）の字幕
バリアフリー字幕
音声ガイド（手話表現）の字幕
えーーーっ
音声ガイドも字幕表示にしてくれているから私でも分かる！
音声ガイドってこんな感じなんだ
（みえない人は）
音声が同時にきこえても把握できる？
↑耳がきこえない人
耳が忙しくなるけれど
↑目がみえない人
共感できる！
私も目が忙しいって思うことある！
みえなくてもきこえなくても同じなんだなぁ
舞台手話通訳者ならではの『伝える』テクニック
まばたきもきこえない人にとっては情報の1つになるんです
そういえばそうだ…
はっ
「こころの通訳者たち」は不定期ですが、引き続き全国のどこかで上映されるそうです
※公式サイトをチェックしてみてください
新しい発見ができると思いますのでぜひご覧になってはいかがでしょうか
良かったね〜
引きこまれちゃった!!

第二章　ユニバーサルな取り組みを訪ねて

SHOP DATA

活動内容は変更になる可能性がございます。
公式サイトなどでご確認の上、おでかけください。

P69

かつろうキッチン

URL　https://katsushika-sd.metro.ed.jp/site/zen/entry_0000019_00001.html

address　〒124-0002
東京都葛飾区西亀有２丁目58-1

P65

CINEMA Chupki TABATA

URL　https://chupki.jpn.org

address　〒114-0013
東京都北区東田端２丁目8-4

P75

デフ・パペットシアター・ひとみ

URL　http://deaf.puppet.or.jp

address　〒211-0035
神奈川県川崎市
中原区井田３丁目10-31
公益財団法人 現代人形劇センター内

P74

ウォーキングサッカー・イン・ザ・サイレンス

URL　https://wsits2020.com

address　東京都江東区と神奈川県横浜市

P89

よしもと手話ブ！

URL　https://www.instagram.com/shuwa_bu/

P81

ダイアログ・ダイバーシティミュージアム「対話の森®」ダイアログ・イン・サイレンス

URL　https://taiwanomori.dialogue.or.jp

address　〒105-0022
東京都港区海岸１丁目10-45
アトレ竹芝 シアター棟１階

P102

もんなか がっちゃん's

URL　https://cafe.gatsp.co.jp

address　〒135-0041
東京都江東区冬木21-21

※シアターは終了

P96

デフリンピック

URL　https://deaflympics2025-games.jp

LAST ▶あとがき

うさぎ LAST 入場済

ここまでお読みいただきありがとうございます。

障害の有無や年齢、性別にかかわらず
全ての人が利用しやすい場所を「ユニバーサルな場所」と呼びます。
それは相手のことを考えた、思いやりで溢れている素敵な場所だと私は思うのです。

例えば、ＳＨＯＪＯカフェでは音を必要としない注文が可能です。
そこは聴覚障害がある方が注文しやすいのと同時に
耳が遠くなった高齢者にとっても注文がしやすい場所だと思っていました。
ですが、取材時に聴覚過敏の方にも優しい場所であると知り、目から鱗。

ここだけに限らず、他の場所も様々な工夫とサポート・表現があり
多くのことを学ばせていただきました。
（純度１００％の暗闇を体験した時は、本当に心臓が跳ねました…笑）

読者の中には
「障害がある人にどう接したらいいのか分からない」という方も
いらっしゃるのではないでしょうか。

この書籍は私が当事者ということもあり、聴覚障害関係のスポットの紹介が多めですが
書籍を読んだり、紹介した場所を訪れることで
「ユニバーサル」を考えるきっかけになるのではないかなと思っています。

障害者だけでなく、全ての人にとって
過ごしやすい社会になることを心より願っています。

うささ

取材を快く引き受けてくださった取材先のみなさま、
熱烈なラブコールから始まり最後までお供してくれた編集担当、
書籍執筆追い込み期間に左手指を骨折してしまい（！）
家事育児をサポートしてくれた夫や義両親。
全力の応援をしてくれた娘と親友、実両親。
この書籍の出版に関わったみなさまと読者のみなさま。
みなさまのおかげで書籍を出すことができました。
感謝で胸がいっぱいです。ありがとうございました。

著者プロフィール

うささ

静岡県出身。
耳がきこえないエッセイ漫画家＆イラストレーター。
耳がきこえない当事者だからこそ、分かりやすく見やすく漫画で伝えることができると、経験・体験したことを綴ったエッセイが好評。
著書に『耳がきこえないママときこえるムスメのおはなし。』（コドモエCOMICS／白泉社刊）がある。

X：@usasa21
Instagram:@usasa21

耳がきこえないうささ ウワサのユニバーサルスポットをゆく

2025年1月22日　第1刷発行

著者／うささ
装丁／うささ
DTP／株式会社のほん
編集／松本貴子（産業編集センター）

発行／株式会社産業編集センター
〒112-0011　東京都文京区千石4丁目39番17号
TEL 03-5395-6133　FAX 03-5395-5320

印刷・製本／萩原印刷株式会社

ISBN978-4-86311-430-2 C0095